J. BOULANGER

ŒUVRES POÉTIQUES

DE

# Amadis Jamyn

Avec sa Vie

PAR GUILLAUME COLLETET

d'après le manuscrit incendié au Louvre

et une Introduction

PAR CHARLES BRUNET

PARIS
LÉON WILLEM, ÉDITEUR
2, RUE DES POITEVINS, 2

—

1879

# ŒUVRES POÉTIQUES

DE

# AMADIS JAMYN

*

## JUSTIFICATION DU TIRAGE

100 exemplaires, papier de Hollande, nos 1 à 100.

350 exemplaires papier velin, nos 101 à 450.

N°

Paris. — Alcan-Lévy, imp. breveté, 61, rue de Lafayette.

ŒUVRES POÉTIQUES

DE

# AMADIS JAMYN

*Avec sa Vie*

PAR GUILLAUME COLLETET

d'après le manuscrit incendié au Louvre

*et une Introduction*

PAR CHARLES BRUNET

*PARIS*
LÉON WILLEM, ÉDITEUR
2, RUE DES POITEVINS, 2

—

1878

# INTRODUCTION

Amadis Jamyn obtint, dans son temps, une assez grande célébrité. Ses contemporains le regardaient comme l'émule de Ronsard, *le prince des Poëtes*, et on lit encore avec plaisir une partie de ses poésies.

Quoique son style se ressente du goût de l'époque, il est cependant moins emphatique que celui de Ronsard; mais aussi Jamyn a moins d'imagination et de verve.

Malgré la renommée dont a joui Amadis Jamyn, l'on ignore à peu près l'histoire de sa vie, et l'ouvrage inédit de Colletet, que nous publions plus loin, est plutôt une appréciation du bagage littéraire du poëte, qu'une biographie. Nous avons trouvé toutefois des renseignements très intéressants et qui témoignent de recherches persévérantes et consciencieuses, dans une étude publiée en 1859 par M. Berthelin, membre de la société académique de l'Aube.

Amadis Jamyn est né à Chaource, bourg à six lieues de Troyes, département de l'Aube, en 1538, selon les uns, en 1540, suivant les autres. Son père était prévôt de Chaource et se nommait Amadis Jamyn; sa mère, Marie Chamelet.

Il reçut une bonne éducation et prit de bonne heure le goût des lettres ; il étudia la philosophie et les mathématiques.

Ronsard, qui connut Amadis Jamyn très jeune, « le nourrit page et le fit instruire, » dit Claude Binet. Il eut pour maîtres Dorat, Turnèbe et plusieurs autres hommes célèbres. Ronsard lui fit obtenir la charge de secrétaire et lecteur du roi (Charles IX, suivant quelques bibliographes, Henri III selon d'autres).

Après la mort de son bienfaiteur, il se retira dans sa ville natale, où il mourut vers la fin de l'année 1592 ou le commencement de 1593. Il fut inhumé dans l'église de Chaource, probablement dans la chapelle de la famille Jamyn. Les recherches faites par M. Besseyton, percepteur à Chaource, membre correspondant de plusieurs académies, lui ont fait penser que cette chapelle pourrait être celle connue aujourd'hui sous le nom de Saint-Jean Decollasse.

Il avait fait don, en 1584, aux habitants de Chaource, d'une maison située dans cette ville, « pour y faire ung collége pour
» y enseigner et faire instruire les enfants
» dudict Chaource et autres lieux. » Par son testament du 15 mai 1591, il lègue un fonds de 300 livres, dont « 50 escus de
» gaiges à un homme docte et capable pour
» tenir les escholles publiques, et 50 escus
» pour la réparation des portes, pontz,
» pauez et murailles dudict Chaource, et
» pour aultres commodités de ladicte
» ville. »

Ce legs était fait à la charge de chanter « un *Te Deum* le jour de la sainct Nicolas

» de may, et une messe haute avec vigilles
» (au son des grosses cloches), pour le re-
» pos de l'âme dudict testateur au jour
» de la fête de saincte Barbe, en dé-
» cembre. »

» Aux charges aussi que ledict régent
» ou principal instruira douze escholliers
» les plus pauures dudict lieu de Chaource,
» sans prendre les mois ni aulcun gaige
» d'iceulx ; lesquels douze escholliers se-
» ront tenus, en mémoire dudict testateur,
» de chanter par chascun dimanche, yssüe
» de la grande messe parocchiale, un *De*
» *Profundis* et la collecte *en la chapelle*
» *du feu père dudict testateur, dedans*
» *l'église dudict Chaource.* »

Enfin, « d'avoir à la porte et lieu plus
» éminent de la maison où se tiendront
» lesdictes escholles, un tableau de cuyure
« fort éminent et apparent, auquel seront
» escripts en grosses lettres, du caractère

» et longueur de deux pouces au moings,
» les mots qui s'ensuyuent :

> *Céans est le collége
> de Chaource, achepté
> et fondé par noble
> homme Amadys Jamyn,
> secrétaire et lecteur
> ordinaire de la chambre
> du Roy, S$^{eur}$ de Basly.*

Le Collége a existé jusqu'en 1789, et la table de cuivre existe encore.

Il semble résulter de ses poésies qu'il a fait de longs voyages : dans le 3$^e$ livre de ses Mélanges, il dit :

> . . . Que ma douce franchise
> S'est garantie en tous lieux d'être prise.
> En mille endroicts au loin j'ai voyagé,
> Sans, etc.
> . . . . . . . . . . .
> . . . . . , . . . . . .
> J'ai vu l'Asie, et en tous ses endroits, etc.

Dans le 4ᵉ livre des mêmes Mélanges, il parle de son départ d'Avignon et de son séjour à Clavezon, dans le Dauphiné ; puis, dans le 5ᵉ livre, d'une pièce de poésie qu'il composa entre les montagnes de Savoie.

Il eut un frère nommé, comme lui, Amadis, qui cultiva également la poésie avec succès, comme on le voit par ces vers de la *Galliade* de Guy Lefevre de la Boderie :

Aux deux Jamyns donnez du saint amour les aîles
Pour porter leurs doux vers au sein des damoiselles.

Mais les poésies de ce frère n'ont jamais été imprimées. Il est mort à Châtillon-sur-Seine.

Enfin, si l'on en croit Tallemant des Reaux, notre Jamyn eut une fille naturelle qui était chez mademoiselle de Gournay.

(Voir l'historiette : *Racan et autres rêveurs*.)

Le premier volume des œuvres poétiques de Jamyn ne contient que des vers amoureux ou à la louange des personnes de la Cour. Dans le second volume, le poëte semble s'être tourné vers la religion ; mais il s'oublie souvent, et on s'aperçoit aisément qu'il n'a pas abandonné l'amour.

La première édition des œuvres poétiques d'Amadis Jamyn est de 1575, in-4°.

La seconde est de 1577, petit in-12.

La troisième et dernière est de 1579 ; elle a reparu avec un titre portant la date de 1582.

Le second volume est de 1584, et n'a pas été réimprimé.

Jamyn a en outre traduit en vers une partie de l'Iliade d'Homère.

Charles BRUNET.

# AMADIS JAMYN
## Par Guillaume COLLETET

*Escrit et mis au net
par Monsieur le duc de Montausier*

Amadis Jamyn nasquit à Chaource, diocèse de Troyes. Il fut en sa jeunesse page de Pierre de Ronsard, comme le tesmoigne le mesme Ronsard (1) dans vne de ses Élégies et dans le poeme qu'il lui adresse, qu'il intitule *la Salade* et qui commence ainsy :

> Laue ta main, qu'elle soit belle et nette,
> Suy-moy de près, apporte vne seruiette
> Pour la salade, Amadis, et faison
> Part à nos ans des fruits de la saison.

---

(1) 1ᵉʳ Livre des poëmes.

Et le reste qui vaut mieux que ce commencement. Claude Binet tesmoigne la mesme chose dans la vie de Ronsard, lorsqu'il dit que ce grand poete l'auoit noury page et auoit pris vn grand soing de le faire instruire. Il ne dementit pas aussy les belles espérances que son docte maistre auoit conceues de sa suffisance, car comme il fut sorty hors de pages, il fit paroistre de si belles lumieres d'esprit dans les vers qu'il adressa au Roy Charles IX, que ce prince qui aimoit passionnement les bonnes lettres et les hommes sçauans, le prit en singuliere affection et le fit son valet de chambre, puis secretaire de Sa Majesté et son lecteur ordinaire.

O heureux temps, où le seul mérite donnoit de l'honneur et du crédit, et où les hommes de lettres rencontroient la fortune dans leurs estudes, sans estre obligez de l'aller chercher dans les antichambres des grands et des princes, et d'augmenter le nombre de ces lasches courtisans qui ne sont sçauans que dans les tendresses et que dans de petits complimens cent fois étudiés et cent fois renouuellez. Le temps est si cher et si précieux à vn homme de lettres, qu'il ne sçauroit conseruer ceste qualité s'il ne fuit ce que les autres cherchent. Je veux dire s'il ne fuit souuent le grand monde qui consomme la plus noble partie de son temps, et s'il n'embrasse la solitude, comme la Muse des belles inuentions et la plus claire source des sciences. Et pendant ce temps-là, vous, ô grands du monde! ô puissances de la terre! trauaillez pour leur fortune, puisqu'ils trauaillent pour vostre gloire!

Les premiers escrits qu'Amadis Jamyn publia furent les argumens en prose des quatre fameux liures de la Franciade de

Ronsard (1), auec quelques sonnets qu'il composa sur ce nouuel ouurage, et imprimés pour la première fois à Paris, l'an 1572. Ce petit échantillon de son esprit le fit cognoistre et estimer de son siecle, et pour le faire cognoistre au nostre, qui ne prend guères la peine de consulter ce qui est plus vieux que luy, je mettray icy la fin d'vn de ces sonnets :

Qui dira maintenant, si par toute l'Europe
Florit le chœur diuin des sœurs de Calliope,
Que l'auteur de leur estre est le grand Juppiter?
Hé! qui n'entend crier les Muses par la France?
Juppiter ne se doibt nostre pere vanter,
Le cerueau de Ronsard nous a donné naissance.

Ses œuures poetiques consistent en deux volumes, dont le premier est diuisé en cinq liures.

Le premier des cinq est vn recueil de

---

(1) Voir la vie de Ronsard, Binet ou Colletet.

plusieurs poesies dédiées à la royne Catherine de Medicis, au roy Charles IX, au roy Henry III, son frère, et à Marguerite de France, royne de Nauarre, et à quelques aultres princes et princesses, poesies dont la pluspart méritent bien d'estre leues, tant pour leur diuersité polie qu'à cause de l'histoire du tems, puisqu'elles en contiennent les éuénements les plus illustres. A propos de quoy je diray que la lecture des excellens poetes, je veux dire de ceux qui, s'éleuant au dessus de ces esprits vulgaires, qui semblent n'estre nez que pour faire vne chanson ou vn petit sonnet d'amour ou quelques vaines épigrammes, traittent noblement en vers les affaires de leur tems, inspirent de certaines agréables lumières qui ne s'effacent jamais de l'esprit du lecteur. Et tel cognoist mieux l'histoire par nos vers que tel historiographe ne cognoist l'histoire par l'histoire mesme.

Aussy, quand je voy ces poemes sublimes et ces odes heroïques que quelques-vns de nos autheurs anciens et modernes ont consacrés à la postérité, je bénis le siecle qui les a produites et n'en sçaurois assez louer les autheurs. Parmy ces diuerses poesies, son discours sur le mois de Januier et celui de la libéralité des Roys, et son ode de l'élongnement du Roy Charles IX, son poeme de la Chasse, son hymne enuoyée par la Royne mère au duc d'Anjou, son fils, son Genethliaque de la Royne de Nauarre, sont des tableaux que les injures du tems ne pourront effacer.

Le second liure de son premier volume est intitulé *Oriane*. Ce sont des poesies amoureuses qu'Amadis composa pour vne dame qu'il aimoit et qu'il appela de ce nom en memoire de l'Oriane d'Amadis de Gaule. Elle nasquit en Touraine, comme on le peut inferer d'vn de ses sonnets qui commence par ces mots :

> Tours que j'aime, etc.

et par cet autre qui débute ainsi :

> Quand l'autre jour vous vinstes en ces lieux.

On jugera de la beauté de ses vers amoureux par le commencement de ceste ode qui sert de frontispice à ses amours d'Oriane ;

> La nuit tendait sa couuerture noire,
> Tous les oyseaux se taisoient dans les bois,
> Sans bruit couloit la riuiere Loire.
> Les champs dormoient, on n'oyoit nulle voix.
> Lors je m'escarte en vn bois solitaire,
> Pressé d'amour qui sans fin m'assailloit,
> Et ma raison par vn effort contraire,
> Pour me deffendre en vain se trauailloit. Etc.

Parmy ces dernières qui sont composées d'odes, de sonnets, d'épigrammes et d'élégies, il y en a vne contre l'honneur qui commence ainsy :

Je ne me plains d'amour, de ma foy, ni de vous.
Je me plains de l'honneur qui nous aueugle tous,
Et qui, comme vn tyran fatal à tout le monde,
Fist que dessus les loix toute chose se fonde.

Je la trouue si belle et si poetique que, hors quelque rudesse et quelque transposition de mots, je l'esgalerois volontiers à celle du Pastor fido qui commence ainsy (1) :

Son troisiesme liure contient les amours du Roy Charles IX et de Marguerite Aquauiua, de la noble et illustre famille d'Atrie, comme a fort bien remarqué *Muret*(2), dans ses commentaires sur ce sonnet de Ronsard :

Ah! belle eau viue.

---

(1) La citation manque au manuscrit, la voici :
De l'honneur vieil tyran qui commande le monde,
Faisant que dessus luy toute, etc.

(2) Le nom est en blanc au Ms.

Il l'intitule les amours d'Eurimedon et de Callyrée, qui sont les mesmes noms que Ronsard employe pour exprimer les passions amoureuses du Roy Charles, son bon maistre. Il paroist assez par ces vers d'Amadis Jamyn, que l'amant estoit vn Roy et que le Roy estoit vn amant :

>Son feu que pas vn n'esgale
>Fit que son sceptre il laissa,
>Et la grandeur abaissa
>De Sa Maiesté royale, etc.

Et le beau poeme qu'il intitule *la Fontaine*, pour Marguerite d'Aquauiua, tesmoigne assez qui estoit cette belle et illustre dame de la cour qui auoit capturé le cœur de ce grand et fameux monarque.

L'élégie qu'il nomme *la Volte* m'a semblé si belle en son genre que, si les œuures d'Amadis Jamyn estoient un peu plus difficiles à rencontrer qu'elles ne sont, je ne feindrois point de l'insérer icy tout entière. Il y a des pensées toutes nouuelles et des imaginations qui ne semblent proceder que d'vn esprit excellent et sublime. C'est le jugement que j'en ay faict autresfois et où je viens de me confirmer encore par la lecture de ce gentil ouurage.

Son quatrième liure qu'il intitule *Artemis*, est encore vn autre tableau de ses passions amoureuses. Il y a de l'apparence, par vn sonnet qu'il fit en partant d'Avignon et qui commence de la sorte :

Depuis que j'ay laissé vostre fiere beauté,
Je n'ay veu que rochers aspres et solitaires
Et le Rosne suiuy de fleuues tributaires
Qui le long de ses rocs à val est emporté.

Que ceste dame qu'il aimoit et qu'il célébra sous le nom d'Artemis, estoit de la ville d'Auignon. Et ce qui me le fait croire d'autant plus, c'est qu'en plusieurs endroits de ses dernières amours il la compare à la belle Laure, et reclame pour louer sa maistresse la noble muse de Pétrarque.

Son cinquième liure est intitulé *Meslanges*. En effect, c'est vn meslange confus de toutes sortes de subjects et de toutes sortes de vers, de sonnets, d'hymnes, de discours, d'épigrammes, d'odes et d'élégies, etc., qui sont d'vn style assez pur et assez net pour le tems, qui se sentoit encore vn peu de la rudesse et de la barbarie des siècles passez. Mais, entre ses autres poemes, je ne sçaurois assez estimer celuy qu'il appelle *l'Oranger et les Charmes* et qu'il commence par ces vers :

Entre ces orangers pres du fleuue de Seine,
Tandis que les Zéphirs souspirent dans la plaine,
Je diray les amours et les charmes aussy
De l'amant Oranger qui, jaune de soucy,
Mourant de desespoir, prit la forme nouuelle
De cet arbre doré qui de son nom s'appelle.

On voit dans ce poeme comme son autheur auoit bien leu et bien faict son proffit des anciens poetes grecs et latins, puisque l'antiquité y est renouuellée de fort bonne grace, et qu'il s'y rencontre des saillies qui ne procedent point d'un esprit mediocre. Son poeme de la diuersité des relligions est beau, pieux et solide et, en un mot, digne du poete et du docte Pimpont auquel il le dédie.

Le second volume de ses œuures n'est pas si commun que le premier, et je puis dire en auoir veu fort peu d'exemplaires. Il fut imprimé à Paris, l'an 1584. C'est vn meslange de vers qui commence par des vers chrestiens et qui continue par d'autres vers de matières différentes de morale, de politique, d'amour, etc. Le poeme qu'il appelle l'Ingratitude et la perfidie d'Origiles, imité de l'Arétin dont il inuoque la muse d'abord, est fort diuertissant et fort agreable. La prosopopée de François de Maugiron et les vingt-six sonnets sur la mort de Cailus, de Maugiron et de Sainct-Maigrin, sont bien dignes d'estre leus par ceux qui aiment l'histoire du tems. Ils sont composés en faueur du Roy Henry III qu'il appelle Cleophon et duquel ils estoient les mignons et les fauoris. Il y a des tendresses qu'vn amant pouuoit employer pour vne maistresse morte. Et pour moy, je ne les ai pas leus, ces vers, que les larmes aux yeux; tesmoignage certain que ce poete prenoit grande part aux douleurs de son maistre, que le tems ne put jamais consoler de cette perte. Voici le premier des sonnets :

Le fer qui trauersa vos poitrines d'iuoyre (1)
Perça des mesmes coups et mon âme et mon cœur,

---

(1) Cette citation de Colletet présente, comme toujours, quelque différence avec les œuvres de Jamyn.

L'air seché des souspirs de ma dolente ardeur
Sçait bien quelle poison vostre mort me fit boire.

J'ay donné vos beaux noms en garde à la memoire
Qui jamais ne taira mon feu ny vostre honneur;
Plus tost la mer faudra que ma viue douleur,
Et l'escume des flots plus tost deviendra noire.

Ainsy ce qui fut beau, celeste et precieux,
Enfin se va rejoindre à l'essence des cieux
Comme cherchant le tout dont sa part est bastie.

Mais puisque dans le ciel vous estes pour longtems,
Que ne suis-ie le ciel plein de feux éclatans,
Pour voir auec plus d'yeux mon tout et ma partie.

La métamorphose de la Nymphe ou de cette plante que l'on appelle Nenufar, a des graces, de la nature et de l'art, qui ne pouuoient estre exprimés que par vn si gentil poete. Tout le reste est de la mesme force et a les mesmes naifuetez. Et au lieu d'en faire ici vn inuentaire ennuieux, je diray qu'Amadis Jamyn n'estoit pas seullement excellent poete, mais qu'il estoit encore un sçauant philosophe. Tesmoin ses discours de philosophie qu'il adressa à Passicharis et à Rodante, imprimés l'an 1584. Il y a des traittez de logique et de morale qu'Aristote et Socrate ne désaduoueroient point. Je crois que ce sont des discours qu'il fit en la présence du Roi Henri III, dans l'académie de Jean-Antoine de Baïf, establie dans mon voisinage du faubourg Sainct-Marcel. Car je sçay par tradition qu'Amadis Jamyn estoit de ceste célèbre compagnie de laquelle estoit aussy Guy de Pibrac, Pierre de Ronsard, Philippe Desportes, Jacques Dauy du Perron et plusieurs autres excellens esprits du siecle. A propos de quoy je diray que j'ay veu autresfois quelques feuilles du liure manuscrit de l'institution de ceste noble et fameuse académie, entre les mains du fils d'Antoine de Baïf, nommé

Guillaume de Baïf, qui les auoit retirez de la boutique d'un patissier où le fils naturel de Philippe Desportes, qui ne suiuoit pas les glorieuses traces de son père, les auoit vendus auec plusieurs autres liures manuscrits doctes et curieux. Perte irréparable et qui me fut sensible au dernier point. Et ce d'autant plus que dans le liure de ceste institution, qui estoit vn beau liure en velin, on voyoit ce que le Roy Henri III, ce que le duc de Joyeuse, ce que le duc de Retz, et la plupart des seigneurs et des dames de la Cour auoient promis de donner pour l'establissement et pour l'entretien de l'académie qui prit fin auec le Roy Henry III, et dans les troubles et les confusions des guerres ciuiles du royaume. Le Roy, les princes, les seigneurs et tous les sçauans qui composoient ce célèbre corps auoient tous signé dans ce liure qui n'estoit après tout que le premier plan de ceste noble institution, et qui promettoit des choses merueilleuses, soit pour les sciences, soit pour nostre langue. Veuille le bonheur de la France que ceste académie françoise qui fleurit à present et de laquelle j'ay l'honneur d'estre, répare le deffaut de l'autre et que l'on recueille de ceste noble compagnie les fruits que l'on se promettoit de celle du dernier siècle, et (quoy qu'il semble que toutes les choses empirent) que par elle (1) les belles lettres s'eleuent de nostre temps au souuerain degré de toute perfection où elles peuuent estre. C'est le noble souhait que je fais pour sa gloire particuliere et pour l'utilité publique. Amadis Jamyn fut hautement loué par Dorat, par Ronsard, par Gilles Durand et par plusieurs autres autheurs, comme on le voit par le frontispice de ses œuures.

---

1) Cette académie.

Ceste digression que je viens de faire, qui semblera hors de propos à quelques-vns, et qui sans doute ne desplaira pas à beaucoup d'autres, m'a pensé faire passer soubs silence les plus fameux ouvrages d'Amadis Jamyn, qui sont les treize derniers liures de l'Iliade d'Homère, que ce poete mit en vers françois, les onze premiers ayant esté traduits par Hugues Salel. Ouurage d'autant plus considérable et de difficile exécution qu'il fut à mon aduis le premier de toutes les versions en vers où l'on vid l'exacte et agréable obseruation des rimes successiuement masculines et féminines. Ce trauail fut hautement loué par Pimpont, par de Bourg, euesque de Rieux, par Ronsard et par Sceuole de Sainte-Marthe, et comme il est on le void par leurs vers qui commencent le liure. Mais comme il fut d'abord fauorablement reçeu, il a été depuis imprimé tant de fois que je croirois dire vne chose que tout le monde sçait si j'en rapportois icy quelques vers. Il mit encore en vers françois les trois premiers liures de l'Odyssée d'Homère, desquels je ne diray rien dauantage, sinon que ceux-là nous font regretter les autres liures de la mesme Odyssée que j'apprends qu'il auoit traduits et que ses héritiers n'ont pas publiez. Ce qui doibt apprendre aux bons autheurs qui aiment une réputation légitime, à publier leurs ouurages de leur viuant, et ne se pas attendre aux soings de ceux qui n'ont ny la cognoissance du mérite des liures, ny les bons sentimens que tous les doctes et tous les honnestes gens ont pour eux.

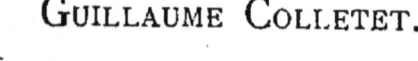GUILLAUME COLLETET.

# ŒUVRES POÉTIQUES

DE

# AMADIS JAMYN

## Sonnets à diverses personnes.

### I

*Sur le chiffre du Roy et de la Royne Loyse de Lorraine.*

Comme vos noms l'vn en l'autre s'ambrassent
Dedans ce chiffre en vn corps assemblé :
Ainsi les traits d'vn amour bien reiglé
Entre-noüez dedans vos cœurs s'enlacent.

Vos amitiez toutes autres effacent,
S'entre-liants d'vn lien redoublé,
Et que le nœu soit en soy si comblé
Que les discords jamais ne le deffacent :

Plus ferme soit ce celeste lien
Que ne fut onc le sainct nœu Gordien
Sans que trancher le puisse vn Alexandre.

Comme ce chiffre est sans commencement,
Et n'est fini, de mesme infiniment
L'amour parfaict puisse en vos cœurs s'estendre.

## II

*Pour le iour de saincte Catherine.*

FRANCE, feste ce iour de saincte Catherine,
Afin que de tes biens ingrate tu ne sois
Enuers la Déité de qui tu les reçois,
Par elle destournant mainte fois ta ruine.

Tu as connu souuent combien elle est diuine
L'esprouuant au besoin : C'est la Mere des Roys
Inuincibles sur terre en armes et en loix,
Comme Cybele au Ciel des Dieux est l'origine.

Elle a souffert pour toy, tant de maux, tant d'ennuy,
Tant de facheux perils, que la saincte aujourd'huy
Qui luy donne son nom, n'eut oncq tant de martyre.

Pour cela tu lui doibs vn temple et des autels,
Et d'vn style d'acier sur le portail escrire :
Ses vertus l'ont assise au rang des Immortels.

## III

*A la Royne mere Catherine de Medicis.*

Mere des Roys et mere de la France,
Qui de vertus les Roynes surpassez,
Dont le bonheur fut aux siecles passez
Tel qu'est à nous vostre heureuse prudence :

Vostre sainct nom par fatale influence
(Où mille dons les Cieux ont amassez)
Vint affranchir les François insensez,
Qui se tuoyent d'vne ciuile outrance.

C'est par destin qu'auez nom Catherine,
Qui grande, bonne et sage medecine
Auez purgé la France de l'ardeur

Qui la bruloit de toutes parts captiue,
Si que tranchant les testes du malheur,
Donnez d'vn coup le Laurier et l'Oliue.

# IV

*Sur l'arriuee de la Royne Elisabeth en France.*

ELISABETH d'Austriche heureuse pour la France,
Vit de nuict vn tel songe enuoyé des hauts cieux,
Quand sur le poinct du iour le Somne obliuieux
Lioit de ses beaux yeux l'amoureuse puissance.

l'Alemagne guerriere haute de sa naissance,
Et la France tâchoyent de propos gracieux
Chacune à l'attirer, et d'un regard ioyeux
S'efforçoyent de gaigner son illustre alliance.

Tousiours devers la France elle tournoit sa veüe,
Et desia la suivoit d'affection esmeüe,
Dont en se réveillant longuement s'estonna.

Ores que nous voyons en publique allegresse
Toute France adorer vne telle Princesse,
Qui ne croit que le Ciel aux François la donna?

## V

Le jour qu'Elisabeth, des Roynes la plus belle,
Prist au monde naissance, ornant sa Maiesté
Des cent belles vertus honneur de royauté,
La France et l'Alemagne eurent debat pour elle.

L'vne la disoit sienne, et vantoit naturelle,
Ayant dans le berceau ses beautez alaitté :
L'autre ne proposoit rien que sa volonté
Brulante de l'Amour d'vne Grace immortelle.

Telle contention vint deuant Jupiter,
Qui voulant de ces deux le desir contenter,
Pour finir le débat donna telle sentence :

Afin que de tous deux i'assoupisse la noise,
Elisabeth doit estre Alemande et Françoise :
Alemande en naissant, Françoise d'alliance.

# VI

*A Marguerite de France, sœur du Roy Charles IX*

Qvi te voit Marguerite, vn astre de la France,
Sœur de nostre Monarque, il voit en vne fleur,
En vne perle unique (admirable valeur)
Mille prez, mille fleurs emprunter leur naissance :

Mille perles il voit en heureuse abondance
Qui passent d'Orient la richesse et l'honneur,
Mille et mille vertus graces de ta grandeur,
Qui dans ton braue esprit ont choisi demeurance.

C'est le vray paradis que l'on doit rechercher :
Venus mere d'Amour n'est digne en approcher
Tant s'en faut qu'vne moindre approche à ton merite.

Hé, mais qui penseroit qu'un thresor si diuers
En vne seule fleur embellist l'Uniuers ?
Ceste faveur du Ciel est seule à Marguerite.

## VII

*Au Roy Henry III, lors estant Monsieur.*

De Thesée et d'Hercule en mille endroits prisée,
La vaillance remplit et la terre et les cieux,
Pour auoir foudroyé les Monstres odieux,
Ne trouuant nulle emprise à Vertu malaisée.

Le Roy est nostre Hercule, et vous nostre Thesée,
Freres de sang, de cœur, dignes enfans des Dieux,
Qui perdez et domtez, Princes victorieux,
Les monstres qui la France auoient toute embrasée.

Au nom de ce Héros seulement l'Uniuers
Ne trembla, mais encor Pluton et ses Enfers,
Tant forte est la vertu qui deux Princes assemble.

Puisqu'outre les liens d'vne mesme vertu,
Vn mesme sang vous ioint : quel vice combattu,
Quel monstre, quel enfer dessous vous deux ne tremble ?

# VIII

### Au Roy Charles IX.

FABIUS qui le nom de tres grand rapporta,
Mattant d'vn Hannibal la force redoutée,
Resueillant la vertu de Rome espouuantée,
La gloire qu'on vous doit jamais ne merita.

Sans plus de l'ennemi les armes il domta,
Euitant le combat : mais sa Romaine espée
N'en peut faire mourir la puissance coupée,
Et Scipion sur lui cet honneur emporta.

Vous remportez des deux et l'vne et l'autre gloire :
Car vous auez du tout vne entière victoire,
Où nul plus grand que vous ne mérita le prix.

Vous auez des plus fins affiné la prudence,
Sagement acheué, sagement entrepris,
Trompant l'heur des méchans et des bons l'esperance.

## IX

*Pour la feste des Rois.*

Les anciens souloyent leurs monarques élire
Par sort, mais vos ayeux par l'effort du harnois
Et par mille vertus ont acquis des Gaulois,
Malgré leurs ennemis, le bien-heureux Empire.

Le sort puisse venir à quiconque desire
D'estre Roy de la féue à la feste des Roys :
Mais tousiours la Vertu compagne des François
Vous garde le royaume et vos honneurs admire.

On dit quand Merouee entra le glaiue au poing
Ez Gaules, qu'il auoit tantost à son besoing
La Fortune et tantost la Vertu non commune.

Par ces deux il receut Royaume et Maiesté :
Mais s'il faut regarder à son cœur indomté,
La Vertu le fit grand et non pas la Fortune.

## X

*Pour une Mascarade.*
*Prieres des Captifs.*

Ayez pitié de ces huict cheualiers
Qui mille fois n'ont épargné leurs ames
Pour maintenir la liberté des femmes,
Ioignant le Myrte à l'honneur des lauriers.

Nous sçauons bien que ces vaillants guerriers
Sentent au cœur les amoureuses flames,
Et que priez de si gentilles Dames
Ne nous tiendront longuement prisonniers.

Ainsi vos yeux aynt tousiours la victoire
Sur les gardiens du temple de la Gloire :
Las! nous pensions vaincre ces demi-Dieux

Par nos vertus de qui la terre est pleine :
Mais en vne heure, ô inconstance humaine!
On perd la gloire acquise en mille lieux.

## XI

*Pour l'entree du Roy Charles IX,
en sa ville de Paris.*

Non autrement que le grand Iupiter
Fit son entree en la voûte éternelle,
Lors que sa sœur et sa femme immortelle
Vint son courage en mesme lict domter :

On vit des Dieux la troupe se planter
Toute pompeuse en ordonnance belle :
On vit par tout vne gloire nouuelle
Et le Ciel pur de beautez s'éclater.

Vne grand'flamme en rayons estandue
Dessus leurs chefs çà et là respandue
Eblouissoit : d'aise on n'oyoit que bruit.

Telle ie voy de mon prince l'entree :
Maint demi-Dieu de tous costez le suit :
De cris ioyeux resonne la contree !

## XII

*Pour la Iunon nopciere à la mesme entree.*

CATHERINE a regi la nauire de France,
Quand les vents forcenez l'enuironnoyent de flos,
Mille et mille tourmens ont assiégé son dos,
Qu'elle a tous surmontez par longue patience.

Cette inuincible Royne, admirable en prudence,
Veillant pour ses enfans en tous lieux sans repos,
Au temps qu'vn chaste amour vient allumer leurs os
Les fait Roynes et Roy par nopciere alliance.

C'est elle qui l'Oliue en la France r'ameine,
Alliant nostre Prince à la race Germaine.
D'où vient à ce Royaume vn bien-heureux renom :

Et Paris qui la voit si accorte et prudente
Luy donne de Iunon la figure presente,
Signe qu'elle leur est ce qu'au Ciel est Iunon.

## XIII

*A Monseigneur le grand Prieur.*

CHEMINANT bien auant parmi la troupe épesse
De vos belles vertus, quelle dois-je toucher?
Trop de matiere vient mon esprit empescher,
Et ie me trouue pauure ayant trop de richesse.

A vous cher nourriçon d'Euterpe la Deesse,
Qui adorez ses Sœurs, et n'auez rien plus cher
Que leurs temples sacrez en tous lieux rechercher,
Faut donner de beaux vers ennemis de vieillesse.

Ne parlons que d'Amour, et de tous ces escrits
Qui paissent en repos les amoureux esprits,
Attendant que vos faicts estonnent tout le monde.

Mais vous donner des vers c'est donner aux oyseaux
Des ailes pour voler, à l'Ocean des eaux,
A Mercure eloquence, à Pithon la faconde.

## XIV

*A Vénus pour la Paix.*

FILLE de Iupiter, mere d'Amour vainqueur,
O des hommes et Dieux la volupté feconde,
Qui de tant d'animaux repeuples tout le monde,
Monde sans ta liesse vn solitaire horreur.

Bride (si tu le peux) la terrible fureur
Qui court dessus la terre et sur la mer profonde,
Et auec les rayons de ta lumiere blonde
Tempere de ton Mars l'audace et la terreur.

Quand tout souillé de sang et de sueur poudreuse
Ses armes il dépouille et sa colere affreuse,
Pour boire auec ses yeux tes beautez à longs traits :

Quand il baise ton col, lors auec telle grace
Pry-le s'en retourner aux montagnes de Thrace,
Qu'il laisse nostre France en vn siecle de Paix.

## XV

*A Venus pour l'Isle de Cypre.*
Autre version d'un ms. de la Bibliothèque impériale.

Fille de Juppiter, mere d'amour vainqueur
Des hommes et des Dieux, ô Deesse feconde
Qui de tant d'animaux fais foisonner le monde
Qui seroit sans ton germe vn solitaire horreur.

Bride ores que tu peux la terrible fureur
Qui court dessus la terre et sur la mer profonde,
Et auec les beaulx Rais de ta lumiere blonde
Tempere de ton Mars la menace et l'ardeur.

Quand tout baigné de sang et de sueur pouldreuse,
Ses armes il despouille et sa face hydeuse
Pour repaistre ses yeulx de tes beautés espris,

Quand ton col il estrainct, lors auec telle grace,
Pry-le s'en retourner en ses neges de Thrace,
Qu'il laisse l'isle en paix, qui te nomme Cypris.

## XVI

*De Dauid elisant l'vn des trois fleaux de Dieu.*

INFINIS sont les maux de nos malheureux iours :
Non seulement la Peste ou la Guerre sanglante,
Ou la palle Famine aux mortels se présente :
Vn camp de maux cachez ici bas fait son cours.

Mais le cœur bien muni se propose tousiours
Les accidens du Ciel ou de Fortune errante.
A fin d'y resister d'vne force constante,
Sans abaisser l'esprit aux violens destours.

Toutefois il ne faut comme Dauid elire
Entre tant de malheurs le mal qui est le pire,
Duquel nous ne puissions nous mesmes garantir.

« Car c'est bien vn plaisir de personne inhumaine
« De rire du tourment qui tient vn autre en peine :
« Mais la douceur est grande à ne point le sentir.

## XVII

*Pour vn jeu de Balle forcee.*

Voyant les combatans de la Balle forcee
Merquez de iaune et blanc l'vn l'autre terracer,
Pesle-mesle courir, se battre, se pousser,
Pour gaigner la victoire en la foule pressee :

Ie pense que la Terre à l'égal balancee
Dedans l'air toute ronde, ainsi fait amasser
Les hommes aux combats, à fin de renverser
Ses nourriçons brulans d'vne gloire insensée.

La Balle ha sa rondeur toute pleine de vent :
Pour du vent les mortels font la guerre souuent,
Ne rapportant du ieu que la Mort qui les domte,

Car tout ce monde bas n'est qu'vn flus et reflus,
Et n'apprennent iamais à toute fin de conte,
Sinon que cette vie est vn songe et rien plus.

## *Amovrs d'Oriane.*

### XVIII

Quand ie m'eslongne à l'escart de vos yeux,
Mon cher esprit loin de vous ne seiourne :
En me quittant à vous il s'en retourne
Comme à son Tout, son plaisir et son mieux.

Le corps peut bien courir en diuers lieux.
De mon esprit vous seule este la bourne :
Ses pensemens ailleurs il ne destourne,
D'vn plus haut bien n'estant point enuieux.

Mais vn malheur en ce penser l'offense,
C'est qu'il ne voit aucune recompense
Sinon douleur fruict de mon amitié.

Que n'ont vn corps mes secrettes pensees ?
En y voyant vos graces amassees,
D'elles, peut estre, auriez quelque pitié !

# XIX

On dit que l'amitié vient d'vne sympathie
Qui passionne en nous également les cœurs,
Qu'elle naist de l'accord et semblance des mœurs,
Fondement où sa force et grandeur est bastie.

Ainsi chaque element l'vn à l'autre se lie,
Et de tout l'Vniuers les changeantes humeurs :
De là vient que l'Amour brule en moy ses ardeurs,
Qui font que pour t'aimer moy mesme ie m'oublie.

Qui ne voudroit t'aimer, quand d'vn tour de tes yeux
Tu pourrois captiuer le plus digne des Dieux
Par les traits decochez de ta plaisante face ?

Mais autant que i'adore et prise ta beauté,
Aimes autant, et loin chasse la cruauté :
« Amour sans compagnon incontinent se passe.

## XX

I'avois si bien mon ame en la tienne enlacee,
Mon cœur dedans ton cœur, mes yeux dedans tes yeux,
Que pour longueur de temps ou distance de lieux,
Delaissant ta beauté ie ne t'ay point laissee.

Ny iour ne s'est passé ny nuict ne s'est passee,
Qu'Amour du mesme trait dont il blesse les dieux
N'ait transpercé mon cœur tant ie fus curieux
D'aller où ce grand Dieu l'embûche auoit dressée.

Ie me suis eslancé moy mesme dans les rets,
I'ay mis mon estomach pour la butte des traits :
Car i'estois assuré que pouuoit ton visage :

Doy-ie m'en lamenter ? ce seroit sans raison :
De ta faueur sans plus depend mon auantage
Puis que tu peux ouurir ou fermer la prison.

## XXI

Penser, qui peux en vn moment grand erre
Courir leger tout l'espace des cieux,
Toute la terre, et les flots spacieux,
Qui peux aussi penetrer sous la terre :

Par toy souuent celle-là qui m'enferre
De mille traits cuisans et furieux,
Se represente au deuant de mes yeux,
Me menaçant d'vne bien longue guerre.

Que tu es vain, puis-que ie ne sçaurois
T'accompagnant aller où ie voudrois,
Et discourir mes douleurs à ma Dame !

Las ! que n'as-tu le parler comme moy,
Pour lui conter le feu de mon esmoy,
Et lui ietter dessous le sein ma flame ?

## XXII

Puis que dans ta prison ie suis si mal traité
Et que tu n'as égard au tourment de ma vie
Suiette à la rigueur de trop de tyrannie,
Abandonne ta proie et rends ma liberté.

Mon cœur que dans tes yeux tu retiens arresté
Ne merite la mort : si l'ame m'est rauie
De qui si constamment te verras-tu seruie?
Il ne sied au vainqueur d'vser de cruauté.

Regarde mon amour qui tousiours continue :
Les dieux te puniront si ta rigueur me tue,
Et voudront iustement ma mort de mort punir.

D'autant que l'amitié plus que la haine est belle,
D'autant ne vaut-il mieux aux siecles auenir
De douce auoir le nom que le nom de cruelle?

## XXIII

Le poisson écaillé ne peut tirer sa vie
S'il n'est au fond de l'eau, son liquide element :
Ainsin aupres de vous ie vy tant seulement,
Et quand i'en suis absent la vie m'est rauie.

Contempler les beaux yeux et le front de s'amie,
C'est viure sans mentir, c'est viure doucement,
Et nul amant ne peut auoir contentement
Loin de celle qui tient son bien et son enuie.

Ie le connois assez par ce triste depart
Estant privé du bien de vostre doux regard.
Que mon corps ne peut-il estre en diuerse place

En mesme poinct de temps comme l'esprit soudain ?
A fin qu'absent, present je veisse vostre face
Sans laquelle en tous lieux tout me vient à dédain ?

## XXIV

Allant voir mon ami qu'vne fieureuse ardeur
Tient au lict attaché, mon œil se reconforte
D'y voir ce qui me poind d'vne blessure forte,
Mais de l'ami malade ensemble i'ay douleur :

Ie desire reuoir en sa pleine vigueur
Le corps de mon amy qu'vn lict ennuyeux porte :
Mais craignant ne voir plus celle qui me transporte
S'il guarist, ie ne sçay comment plaire à mon cœur.

C'est le froid et le chaud qui combat ma pensee
Entre deux passions çà et là balancee :
Qui des deux le plus fort doit gaigner ma raison ?

Puisque ie n'ay moyen qu'en voyant le malade
D'auoir de ma Maistresse vne amoureuse œillade,
I'aime sa maladie et non sa guarison.

## XXV

*D'vn Lacet.*

Dovce Oriane à la grace attrayante,
Brulant d'amour qui point ne cessera
Tant que mon ame en ce corps logera,
Ce beau Lacet en May ie te presente :

Ce beau Lacet tissu de main sçauante,
Trois fois heureux qui ton corps lacera :
Où loin de toi ton Amadis sera
Ayant d'ennui la face pallissante.

Il est fragile, et pource il ne resemble
A ce lien qui nous estreint ensemble.
L'vn tous les soirs se trouuera defait.

Mais cestuy-là qui nos deux cœurs enlace
Ne doute point qu'on le rompe ou deface.
Qui deferoit ce que le Ciel a faict ?

## XXVI

Te ressembler de bonheur ie voudrois,
Chanson, qui fais au beau sein de Madame
Iardin de lis, de roses et de bâme,
Vn long seiour, où moy ie ne sçaurois.

Tout bellement de là ie glisserois
Iusqu'au verger où la rose on entame,
Et moderant les chaleurs de ma flame,
Au gué d'amour mon feu ie plongerois.

Malgré le Chien qui dans le ciel aboye,
Qui de Venus nous interdit la ioye,
Ie ne lairrois de prendre mes ébats.

» Amour est Dieu : Qui trespasse en sa guerre
» Ne doit-il pas autant de gloire acquerre
» Que cil qui meurt pour le Dieu des combats ?

## XXVII

J'aime bien mon Penser; luy seul me represente
Le beau front, les beaux yeux de ma belle ennemie,
Son maintien, sa parolle, et sa grace infinie,
Et me la fait reuoir bien qu'elle soit absente.

Non, ie ne l'aime point, c'est luy qui me tourmente :
C'est par luy que mon ame est de mon sein rauie,
C'est par lui que ie vis vne vie sans vie,
C'est par luy que ma peine est tousiours renaissante.

Puis quand ie pense aux traicts de ta douce beauté,
Ie suis d'vn désespoir plus en plus tourmenté,
Craignant que tu sois fiere autant que tu es belle.

Que ie suis miserable! est-il plus grand malheur
Que brulant d'amitié, se fondant de douleur,
Douter s'on est aimé d'vne amour mutuelle?

## XXVIII

*Pour vn Anneau de Verre*

Si le traict qui mon cœur de sa pointure enferre,
N'eust point esté plus ur ny de plus ferme acier
Que l'anneau qui n'a peu durer longtemps entier,
Anneau comme ta foy seulement fait de verre.

Amour si longuement ne me feroit la guerre,
Et soudain ie romprois son iavelot meurdrier,
Son carquois et ses rets, pour suiure le sentier
Des heureux que l'Archer en sa prison n'enserre.

Je me plains a bon droit de ta foy trop legere
Qui n'est pas diamant, mais verre de fougere,
Que souflant tu refais et recasses souuent.

Et moy ie suis le chien dont la ieunesse fole
Court au long des guerets l'Aloüete qui vole.
Et pensant la haper il ne tient que du vent.

## XXIX

Puisque de vos beaux yeux l'amoureuse clairté
Va luire en autre part, il faut que ie lamente,
Non tant pour le regret qui mon ame tourmente
Que pour celle qui vit de vostre volonté.

Je voy desia son œil pensif et attristé,
Craignant perdre l'obiet qui sur tous le contente,
Ie voy desia son dueil lorsque serez absente,
Ie voy la Tourterelle en sa viduité.

Le iour luy semblera quelque minuict obscure,
Et le Printemps, l'Hyuer, horrible de froidure,
Et ny fleur, ny couleur ne repaistra son œil,

O terre bien heureuse où va viure ma vie,
(Dira-t-elle au partir) que ie te porte enuie
Puisque pour t'éclairer tu m'ostes mon Soleil!

## XXX

*Autre leçon d'après un Ms. de la Bibl. Nat.*

Pvis que de voz beaux yeulx l'amoureuse clairté
Va luire en aultre part, il faut que ie lamente,
Non tant pour mon regret (car tout mal me contente)
Qui me vient pour seruir vne telle beaulté

Que pour celle qui vist de vostre volunté
Qu'amour vint à vous d'vn'amitié constante,
Qui ne viura qu'en dueil lorsque serez absente,
Comme la tourterelle en sa viduité.

Le iour luy semblera vne minuict obscure,
Le printemps luy sera l'hyüer plein de froidure,
Et ne fleur ny couleur n'esiouira son œil.

O terre bien heureuse où va viure ma vie,
Dira-t-elle au partir que ie te porte envie,
Puisque pour t'éclairer tu m'ostes mon Soleil.

## XXXI

O bien-heureux Papier recueilli par la main
Qui de mon triste cœur tient la ferme racine :
Ie voudroy comme toy toucher à sa poitrine,
Au milieu des beaux lis et des pommes du sein.

Ie suis à ceste fois enuieux sur ton gain,
Mais puis que ton bonheur de moy prend origine,
Dy luy qu'alors viendra ma perte et ma ruine,
Quand affranchi d'amour on me trouuera sain.

Dy lui pour n'estre plus si dure et si estrange :
« A tromper vn aueugle il n'y a point louange,
» Qui pour guide te suit et ailleurs ne se fie.

Hélas! ie parle au vent, et deuenu tout fier
D'auoir vn tel honneur, tu ne daignes, Papier,
Escouter mes raisons combien que ie t'en prie.

## XXXII

*Au vent Boree.*

Vent qui tourmentes l'air de tempesteuse haleine,
Qui troubles le coulant de Loire sablonneux,
Appaise ie te pry ton orage venteux,
Afin que d'heureux cours Oriane il ameine.

Tu as senti les maux d'vne amoureuse peine,
Car tu fus autrefois d'Orythie amoureux :
Doncques à ton pareil courtois et bien-heureux
Permets que ma priere à ce coup ne soit vaine.

Ha ! ie voy bien que c'est : Amour te va mouuant,
Et poussé de fureur tu luy viens au deuant
Pour baiser son beau sein, sa bouche et son visage.

Certes ie suis ialoux que ie ne puis auoir
Pareille courtoisie et ce mesme auantage,
Plus doucement que toy ie ferois mon deuoir !

## XXXIII

*Au Songe.*

Les hommes et les Dieux, Fortune inexorable,
Et tous les elemens coniurent mon dommage :
Seulement, ô doux Songe, en ce fascheux passage,
Ie ne trouue que toy qui me sois pitoyable.

Tu me fais reuenir la figure agreable
Pour laquelle ie perds en vain le temps et l'âge,
En tel accoustrement telle forme et visage
Que ie voudrois la nuict tousiours estre durable.

Mais rare est ce bien faict, d'autant qu'Amour amer
Ne me laisse beaucoup la paupiere fermer,
A fin contre ses maux que ie ne me repare.

Songe, puis que souuent ie ne te puis auoir,
Au moins quand tu viendras, ie te pry ne vouloir
Remporter si soudain le bien qui m'est si rare.

## XXXIV

*Comp. d'vne Annee.*

L'ANNEE et mon amour ont vn effect semblable,
Le Printemps qui deuoit chasser l'Hyuer grison,
En lieu de fleurs blanchist de negeuse toison,
Mon Printemps amoureux a esté miserable.

L'Esté dont la chaleur aux terres agréable
Meurist tout, n'a meuri la greneuse saison :
Et celle dont ie fais à luy comparaison
N'a fait meurir d'amour le fruit incomparable.

Ny pommes, ny raisins l'Automne n'a porté,
Mon Automne d'amour n'est que sterilité
Qui mon espoir abat comme l'autre la fueille.

L'Hyuer refroidist tout, et du tout refroidi
Ie ne veux que mon cœur soit chaud ny attiedy
Pour vne qui le veut et veut qu'on ne le vueille.

## XXXV

Voy ce beau mois plein de souefues odeurs,
Où les forests, les plaines et les fleuues,
Tertres et monts vestus de robes neuues,
Parent leur sein d'vn million de fleurs !

Amour archer courant parmi les cœurs
Deçà delà fait de soy mille preuues,
Et restablist l'Estre des choses veuues,
Semant par tout ses flammes et douceurs.

Tous animaux sauuages et priuez
Ont de l'Amour les ébats éprouuez,
En ce Printemps ami de la ieunesse.

Seuls nous perdons delices et plaisirs,
Sans obéir aux amoureux desirs :
Attendons-nous la debile vieillesse ?

## XXXVI

De ce Printemps toutes les nouueautez
Que Flore espand dessus la terre ensemble,
Ne sont en rien, Maistresse, ce me semble,
A comparer à tes ieunes beautez.

Quand ie regarde aux champs de tous costez,
Ie voy qu'en eux ta grace se r'assemble,
Et rien n'y plaist, sinon ce qui resemble
En quelque part à tes diuinitez.

Viendra iamais cette blanche iournee
Qui me sera sur toutes fortunee,
Pour éprouuer l'oracle Delphien ?

« Iuste est tres beau, Santé chose tres bonne :
» Mais (disoit-il) des biens le plus doux bien
» C'est obtenir ce qu'on affectionne. »

## XXXVII

Pvis que le Ciel me donne vn si bienheureux sort
Que vous aimez le nœu qu'Amour a voulu faire :
Puis que nos cœurs liez aiment à s'y complaire,
Auisez quel plaisir double en moy son effort.

I'ose bien deffier la Fortune et la Mort,
Quand ie voy vostre anneau plein de mon charactere :
Tel bien à mon esprit ne sera nécessaire,
D'autant que vostre image oncques de lui ne sort,

Mais que vaut de vous paistre ainsi de la peinture?
C'est vn bien fantastique et vaine nourriture,
Qui ne sert qu'au défaut du veritable trait.

C'est boire en lieu de l'eau l'ombre de la fontaine :
Nourrissez vos desirs de pasture certaine,
Ie puis mieux vous seruir que non pas un portrait.

## XXXVIII

Lors que l'astre iumeau des deux freres d'Heleine
Apparoist sur la nef que tourmente le vent,
(L'abaissant aux Enfers puis au Ciel l'eleuant)
De l'horrible Aquilon s'aneantist l'haleine.

Ainsi belle Oriane, honneur de la Touraine,
Tes deux yeux ont chassé les tonnerres creuans,
L'air enflambé d'eclairs et de feux se suiuans.
Qui nous serroyent le cœur de frayeur et de peine,

Tu n'as pas seulement le tonnerre domté
De qui tout l'air noirci se sentoit agité,
Mais tu as tout ensemble au loin poussé l'orage

Qui (ton Soleil absent) nous pressoit d'vne nuict :
Où ton œil, feu saint Herme, excellemment reluit,
Le Ciel de toutes parts decouure vn beau visage.

## XXXIX

La belle Aurore, honneur de l'Orient,
Qui de son teint tout le monde redore,
Pres de Tithon plus ne s'abuse encore,
Car il ne vaut vn plaisir si riant.

De son Vieillard bien peu se souciant
(Lors que d'amour le doux soin la deuore)
Elle s'en va vers l'ami qui l'honore,
En mille ieux sa ieunesse employant.

Vous qui semblez à l'Aurore vermeille,
Puis qu'en beautez vous lui estes pareille,
Faites comme elle : En lieu de son Vieillard,

Aux doux ébats de l'amour inutile,
Elle, pour luy trop ieune et trop gentile,
Sçait bien choisir un Cephale gaillard.

## XL

Ie tenois en dançant la blanche main de celle
Qui m'a donné en proye à l'amoureuse ardeur :
La dance ne tenoit en toute sa rondeur
Beauté qui ne cedast à sa clairté nouuelle.

Iamais felicité ie ne pense auoir telle
Que i'eu pressant la main qui me pressoit le cœur.
Auisez quel plaisir si souuent i'auois l'heur
De presser le coral de sa leure iumelle.

O belle et tendre Main, helas ! pardonne moy
Si ie te serrois trop : i'allegeois mon émoy
Pressant tes doits polis d'une amiable estrainte.

Par signe ie monstrois que rien ne m'est si cher
Que t'auoir, belle Main, si douillette à toucher,
Et qu'ainsi tu retiens ma liberté contrainte.

## XLI

Es beaux cheueux qui me tiennent lié,
Estoyent serrez d'un ret à claire voye,
Et surmontoyent du scofion la soye
Tant leur fil blond est prime et delié.

Son sein d'œillets et de lys meslié
Fut entrouuert quand d'un œil plein de joye
Au fond du cœur un si doux feu m'enuoye,
Qu'il m'a du tout à elle humilié.

Que ie senti d'amoureuse liesse!
Ie ne sçauois, certes ie le confesse,
Que c'est ecstase, et ce rauissement

Qui nous transporte égarez de courage :
Lors ie l'appris, et si creu dauantage
Qu'on peut mourir d'aise et contentement.

## XLII

### *Reproche à la Main.*

Ha! malheureuse Main qui me rends malheureux :
Ha! trop folastre main, trop legere, trop pronte,
Qui fais, te hazardant, vn honneur de ma honte,
Pour perdre malgré moy le prix d'vn amoureux.

Ha Main! ton naturel est tousiours desireux
De toucher à ce bien dont on fait plus de conte :
Et d'autant que la Main toute chose surmonte,
Tu pensois que ton sort deust estre bien-heureux.

Mais tu deuois vser d'vne honeste licence,
Car ton auancement mon amour desauance :
Acteon se perdit par son œil trop soudain :

Et par toy i'ay perdu la faueur de ma Dame,
Que i'aime plus que toy, que mes yeux, ny mon ame.
Ha que ie fusse heureux si i'eusse esté sans main!

## XLIII

*Response de la Main.*

Quoy? m'oses-tu blasmer d'auoir bien commencé ?
Ie t'ay monstré comment il te faut entreprendre
Pour en vain sans plaisir ton âge ne despendre :
Ny ta dame ny toy ie n'ay point offensé.

Quand bien dans son esprit elle aura repensé
Comme tu as voulu son esclaue te rendre,
En fin elle pourra plus gracieuse apprendre
Que tu merites l'heur d'estre recompensé.

Et pource qu'elle poize en egalle ballance
D'vn costé ton seruice, et d'autre mon offense,
Elle verra combien ton deuoir lui est cher.

Mon offense n'est rien : l'œil cherche de nature
Pour son obiet le iour, les couleurs, la peinture :
L'oreille aime le son, et la main le toucher.

## XLIV

Q vand ie la voy si gentille et si belle,
Si doucement les langues manier
Du Lut aimable, et sa voix marier
Au son mignard que dit la Chanterelle :

D'aise rauy tout le cœur me sautelle :
Sa voix pourroit vn Vlysse lier
Et luy feroit son Ithaque oublier,
Voix de Sereine ou bien d'une immortelle.

Ie pense voir Melpomene au milieu
De ses huit sœurs, et du poëte Dieu,
Qui tient le lut et sur les cordes chante

Du pere sien les diuines amours :
Hommes et Dieux sa douce voix contente,
Mesme à son chant Loire arreste son cours.

## XLV

Plein d'vn penser vagabond et soudain
Qui me fait viure à part moy solitaire,
Triste, resueur, à mes amis contraire,
Ie conte en l'air mille discours en vain.

Ie vay cherchant vn obiet plus qu'humain :
Pour mon salut ie deurois m'en distraire,
Mais ie ne puis : car ma belle aduersaire
Par ses vertus me retire à son haim.

Alors ses yeux qui dissipent les nuës
Dardent en moy d'estincelles menuës,
Cent mille éclairs penetrans iusqu'au cœur :

Si le dehors ne remerque sa haine,
Ainsi voit-on la foudroyante ardeur
Gaster vn glaive et n'offenser la gaine.

## XLVI

*D'un Breuuage d'eau.*

IE n'aime l'eau, breuuage trop humide ;
Mais quand tu veux que i'en boive d'autant,
Tu prens vn verre, et premiere y tastant
Tu me le tends à fin que ie le vuide.

I'aimerois mieux cette liqueur qui guide
Vers Apollon, mais le verre apportant
Vn doux baiser qui me va confortant,
Me fait aimer cet element liquide.

Tel Echançon refuser ie ne puis,
Doux Echançon, charme de mes ennuis :
Car le beau verre ainsi qu'vn bateau passe

Ce chaud baiser qu'il a receu de toy,
Et de sa leure il le redonne à moy,
Si que telle eau tout le Nectar efface.

## XLVII

Ie me retourne arriere à chaque pas
D'vn corps lassé qu'à grand' peine ie porte.
A fin de voir celle qui me transporte
Quand ie m'absente en disant : Ai moy las !

Puis repensant au bien-heureux soulas
Et aux flambeaux dont ie quitte l'escorte,
Mon pié i'arreste ayant la face morte,
Et tien fichez mes yeux pleurans en bas.

Apres ie tremble, et m'ébahis à l'heure
Comment la vie avec mon corps demeure,
Veu que l'esprit en est loin séparé.

Amour dit lors : « Que cela ne t'estonne,
» De viure ainsi tu puis estre asseuré :
» Tel priuilege à tous les miens ie donne.

## XLVIII

On nous défend la parole et la voix
Pour delier l'amitié qui nous lie,
Et l'œil ialoux comme un Argus épie
Si du sourcil vn doux clin ie reçois.

En quelque part que i'aille où que tu sois,
Ie vois tousiours nostre vieille ennemie
Qui suit tes pas, et ressemble à l'Enuie
Voulant forcer d'Amour les saintes loix.

Sotte rigueur! tant plus elle s'efforce
Forcer Amour, plus Amour se r'enforce :
Plus nous separe et tant plus nous conjoint.

Vieille maudite, et de sens depouruuë,
Iette sur nous tant que voudras la veuë,
Iusqu'en nos cœurs ton œil ne verra point.

## XLIX

Le Soleil quatre fois a fini le voyage
De ses douze maisons, nous ramenant les iours
Et les quatre Saisons, compagnes de son cours,
Depuis qu'à tes beautez i'ai rendu tout hommage.

Toutefois par le temps n'est changé mon courage,
Et ie n'éprouue moins le pouuoir des amours
Qu'alors que ie fu pris : car les tours et retours
Du changement humain sont pour vn cœur volage.

Mais ce qui plus m'a fait constant en amitié
C'est que tu m'as aimé non moins que ta moitié,
Et qu'aussi de ta part tu n'as esté muable.

Quand la cause ne change on ne change l'effet :
Et pour faire en amour l'assemblement parfait
Il faut de mesme poix vne amitié semblable.

## L

Ie laisseray le noir qui est vn témoignage
A tous par le dehors de l'inuincible dueil
Que ie souffre en mon sein, depuis que le cercueil
Enferme auarement mon plus riche heritage.

Mais ie ne puis laisser l'ennuy de mon dommage,
Ma Nauire est rompue atteinte d'vn escueil,
Puis que sous le sepulchre est caché ce bel œil
Qui d'amour mutuelle enflamboit mon courage.

O iour, ô heure, ô mois sur tous infortuné,
Où d'éternelle nuict se veit enuironné
L'astre de ces beaux yeux escortes de ma vie !

Vous me serez tousiours merquez d'vn crayon noir
An, mois, iour et moment, où contre mon vouloir
La Parque ma richesse et ma ioye a rauie.

## LI

Amour se lamentoit, et sa mere éploree
Dechirant ses cheueux ses plaintes redoubloit,
Quand la perfection que ma Dame assembloit
S'enuola dans le Ciel pour y estre adoree.

La Beauté gemissoit, et d'aspect égaree
D'vn tenebreux manteau sa face receloit :
Des trois Graces la voix par iniure appeloit
La Mort cruelle aueugle, à mal faire asseuree.

L'Honneur et la Vertu crioyent de tout costé :
Nostre Soleil esteint nous sommes sans clairté,
La terre maintenant de lumiere est deserte.

Alors Nature mesme auisant son malheur,
Ententiue aux effets de si iuste douleur,
Quitta le soin du monde en témoin de sa perte.

*Amovrs*
*d'Eurymedon et de Calliree* (1)

## LII
### D'vn Miroir.

Povr connoistre les traits de vostre grand' beauté,
Ne croyez au miroir : de son crystal la glace
Ne peut représenter combien peut vostre face,
Si bien au vif que moy par ses fleches donté.

Mirez-vous sur mes ans qui auoyent résisté
Si long temps à l'Amour, méprisant son audace :
Dessus toutes beautez vous emportez la grace
Autant que par mon feu tout autre-est surmonté.

Tant plus vn Chesne est dur et ferme de racine,
Tant plus le vent épais qui d'haleine mutine
L'éclate, rompt, abat, declare son pouuoir.

Et tant plus vne ville est d'assaut imprenable,
Le Guerrier qui la prend tant plus est redoutable,
« Des forces et valeurs l'effect est le miroir. »

---

(1) Eurymedon est le Roy Charles IX et Callirée M<sup>lle</sup> Marguerite d'Acquaviva.

## LIII

Ie puis tout et ne puis aller voir ma Maistresse,
Maistresse de mon cœur qui me laisse et la suit
Pour viure aupres du sien, soit de iour, soit de nuit,
Renforçant mes desirs et le soin qui me presse.

Que ne puis-ie imiter la force changeresse
Du puissant Iupiter qui tant de formes prit
Quand à cacher ses faits Cupidon lui apprit ?
Que ne sçay-ie les arts de Circe enchanteresse ?

Ie me transformerois si bien, que tous les iours
Ie paistrois mon desir du fruit de mes amours
Sans que l'œil enuieux espiast ma présence.

Mes seruiteurs ont l'heur que ie ne puis auoir,
Ie voudrois à leur bien eschanger mon pouuoir :
Ainsy de trop pouuoir ie n'ay point de puissance.

## LIV

Tv me fais souuenir d'vn diligent Courrier
Qui haste son chemin, s'il arriue qu'il voye
Vn Tronq ou vne Croix au milieu de sa voye
Pensant estre soudain au bout de son sentier.

Son pié comme son cœur se fait promt et léger :
Apperceuant tel signe il est porté de ioye :
Mais apres il se fasche, auisant qu'il fouruoye
Et qu'il est loin du lieu où il deuoit loger.

Ainsi quand au premier Amour me fit poursuiure
Le signe des beautez où ie desirois viure,
Mon desir esperoit d'y attaindre au besoin :

Ores en ramassant les restes de ma vie
Ie cognoy que mon heur n'estoit que fantaisie,
Et que loin i'estois pres, où bien pres ie suis loin.

## *Amovrs d'Artemis.*

### LV

Quelle beauté nouuelle à mes yeux se presente
Que iusques à ce iour le malheur m'a caché?
Amour tu n'as encore Apollon empesché
A chanter vn suiet qui si fort le contente.

Ie pensois par la France en beautez excellente
Auoir diligemment le plus beau recherché,
Quand depuis que mon œil aux vostres i'attach
Tout autre souuenir de mon esprit s'absente.

Ores lisant mes vers, honteux ie me repens
Qu'à loüer vos vertus ie n'ay passé le temps,
Pour voir de vos honneurs mes Cartes estofees

Et ie dis à l'Amour : Or' soyons glorieux,
Tu pendras à ton arc de nouueau cent trofees,
Et Cygne ie seray sur tous ingenieux.

## LVI

I'ay cent fois desiré, de saincte ardeur épris,
D'enrichir vn bel Hymne, vne Ode, vne Elegie,
Du thresor de beautez qu'à mesure infinie
Le Ciel respand sur vous pour emporter le pris :

Mais la honte craintiue a mon desir repris
Pour n'en pouuoir escrire vne moindre partie,
Quand (outre la beauté qui soudain est rauie)
Ie pense à vostre Esprit, le plus beau des Esprits.

Ainsi ie suis contraint d'imiter ce Timante
Qui voyant la douleur si grieue et si cuisante
D'Agamemnon marri de sa fille immolée,

Et ne pouuant la peindre en tableau de couleur,
Tint de ce Roy dolent la figure voilée,
Et peignit sans la peindre vne extreme douleur.

## LVII

Ha! que de temps en vain despendit la Nature
A former le portrait d'une si grand'beauté,
Puisqu'un gentil esprit ne s'est point enfanté
Digne d'eterniser si digne créature :

Toute chose naissante vn long âge ne dure
Contre la faulx du Temps au tranchant indomté,
Et contre sa fureur bouclier n'est presenté,
Qui pare mieux ses coups qu'vne viue écriture.

Que ne sont au desir semblables les esprits ?
Par moy si beau labeur se verroit entrepris,
Et ie pourrois au blanc de vostre gloire atteindre :

Si bien qu'vn autre nom iamais ne fust vanté
Qui ne portast enuie à vostre honneur chanté,
Et nul autre Poëte à moy n'oseroit ioindre.

# LXVIII

Ie sors d'vne mer trouble en vn serain riuage,
Mon esprit se verra du tout dessauuagé,
Depuis qu'vn neuf Amour a fait que i'ay changé
Auec los éternel vn éternel dommage.

O genereux Pensers nichez en mon courage,
Allez où maintenant mon cœur est engagé,
Vers celle qui le rend de toutes estrangé,
Et l'oste d'auec moy pour le prendre en hostage.

Rapportez vn à vn tout ce qu'elle a de beau,
De sainct, de precieux, de celeste, et nouueau,
Pour en bastir vne œuure excellente et hard e.

Auprès de l'Orient de sa neuue clairté
Ie veux apprendre icy d'vn vers inusité
A fuir l'Occident de nostre courte vie.

# LIX

On dit qu'Amour par les yeux finement
Coule en nos cœurs et glisse dans nos veiu
Qu'il brule et rend de poison toutes pleines ;
Mais sa vertu nous combat autrement.

Il ne se fait par les yeux seulement
Tyran des cœurs et des raisons humaines :
Mais comme on dit des trompeuses seraines,
Il prend l'oreille et puis l'entendement.

De vos vertus l'Idée et la merueille
Premièrement vint toucher mon oreille,
Le sens commun soudain en fut épris :

Depuis i'ay dit, voyant vostre mérite,
En quel discours sçauroit estre compris
Ce qui n'a point de terme et de limite ?

## LX

*Comp. de Teree.*

Après que mille traits tirez de tes beautez
Ont souillé dans mon sang leurs pointures dorees,
Afin que tes rigueurs fussent demesurees
Et que muet ie fusse à tant de cruautez ;

En ma langue tes dards se sont ensanglantez
Imitant la fureur des superbes Terees,
Et tout d'vn mesme coup leurs pointes acerees
M'ont le cœur et l'espoir et la voix emportez.

Mais comme Philomele en sa toile tissuë
Decouurit à sa sœur la cruauté receuë,
Sa fortune, son dueil, sa prison, son malheur.

Sur la toile des Sœurs d'vne encre perdurable
Ie peindray ta rigueur et mon sort miserable :
Quel esprit, quel aduis ne trouue la douleur ?

# LXI

Si la nauire Argon reluist dedans les cieux,
Montee au rang des feux hors des ondes liquides
Pour auoir sillonné les campagnes humides,
Hardie transportant les hommes demi-Dieux :

Si l'oyseau qui rauit Ganimede aux beaux yeux
A passé les sept Ronds des planetes lucides,
Et flamboye là haut au clos des Hesperides
Pour merque de son cœur noble et audacieux :

I'espere aussi reluire en la voûte diuine
Auec l'Aigle celeste, auec Argon marine
Si prix egal à soy mon desir peut auoir.

Car ie tente vne mer de cent beautez nouuelles,
Puis vn Ciel, où l'amour emplist et fait mouuoir
( Ce que ie tien de luy) mes voiles et mes œles.

## LXII

*D'vn homicide.*

Si ie porte en mon cœur vne playe incurable,
Vos yeux ont fait le coup, et vostre belle main
Enfonce plus auant tousiours dedans mon sein
Le trait de vos beautez qui m'est si redoutable.

Vous estes la meurdriere, hélas, inexorable!
Si tost que ie vous voy le cœur me bat soudain :
Tout mon sang se r'amasse en tel endroit mal sain,
Et bouillant veut iaillir encontre le coupable.

Bien que mort et muet ie ne m'aille plaignant,
Ie vous puis accuser par l'vlcere saignant
Qui lorsqu'en approchez decele vostre offense.

Ainsi quand le meurdrier vient approcher d'un corps
Que son fer a tué, le sang iaillit dehors,
Et les esprits esmeus demandent la vengeance.

## LXIII

*Comparaison du Phenix.*

Comme le seul Phenix au terme de son âge
Amasse les rameaux du bois mieux odorant
Ez forest de Sabee, afin qu'en se mourant
Pour le moins d'un beau feu se brule son plumage.

Ainsi ie fais amas, voyant vostre visage,
De cent douces beautez que mon cœur va tirant :
Puis i'en allume vn feu doucement martyrant
Qui me donne la vie en mon propre dommage.

La flamme du Phenix vient du flambeau des cieux,
Et la mienne s'embrase au soleil de vos yeux,
Où je commets larcin comme fit Promethee :

Aussi i'en suis puni d'vn mal continuel ;
Car Amour qui se change en vn Vautour cruel
Me dechire tousiours d'vne main indomtee.

## LXIV

Si c'est aimer auoir tousiours en l'ame
Le souuenir d'vne seule Deesse :
Si c'est aimer se pallir de tristesse,
Mourir absent des beautez de sa Dame.

Si c'est aimer ne viure qu'en la flame,
Si c'est aimer adorer ce qui blesse,
Si c'est aimer ne repenser sans cesse
Qu'à reuoir l'œil qui ma poitrine entame.

Si c'est aimer pour aimer se haïr,
Et tout plaisir se déplaisant fuïr,
Chagrin farouche, ennemi de la vie :

Loin d'vn seul bien s'estimer malheureux,
Ayant sans plus l'ame en ce bien rauie :
Si c'est aimer, que ie suis amoureux !

## LXV

*Cupidon desarmé.*

Amour bandoit son arc comme un croissant voûté
Quand il veit ma Deesse : aussi tost qu'il l'eut veuë
Il s'estonna vaincu : sa raison fut perduë :
Et luy qui domte tout par elle fut domté.

Ioyeuse elle connut l'effort de sa beauté,
Et ietta dessus luy, tant qu'il fuist, sa veuë :
Plus léger que le vent qui dissipe la nuë
Il fut, euanoüy, de son vol emporté.

D'auanture en fuyant tomba sa trousse pleine :
Telle despouille fit ma Nymphe plus hautaine
Comme ayant triomphé d'un tel Dieu combattu.

Voyla d'où elle fait vne cruelle guerre
Aux hommes et aux Dieux : Amour cependant erre
Solitaire et honteux d'armes tout deuestu.

## LXVI

Si l'amant est diuin beaucoup plus que l'aimé,
D'autant qu'il est raui d'vne fureur diuine
Qu'amour, excellent Dieu, luy souffle en sa poitrine,
Que ne recherchez-vous vn bien tant renommé ?

Haussez-vous auec moy, d'vn desir allumé,
Iusqu'au Ciel bien-heureux dont il prend origine :
Si vous suiuez mon cœur, où vostre œil l'achemine,
Nous trouuerons l'estat aux Dieux accoustumé.

Le grand Dieu souuerain les amans authorise,
Et chef des amoureux de ce beau nom se prise,
Ne commandant qu'aimer, et ne voulant qu'aimer.

Son amour vehement toute essence fait croistre,
Et c'est ce qui le fait pour grand Dieu reconnoistre,
Faites-vous comme luy pour Deesse estimer.

## LXVII

Ie desire chanter les louanges de celle
Qui par ses doux regards et ris délicieux
Egale mon bonheur à celui des hauts Dieux,
Tant elle a, ce me semble, vne grace immortelle.

Mais ie crain que ma voix debile ne soit telle
Qu'il faut pour éleuer suiet si precieux,
Et que taschant la mettre en la voûte des Cieux
Ie n'abaisse l'honneur de sa beauté si belle.

Que feray-ie ? Il vaut mieux tenter si le bonheur
Voudra faire égaler mon vers à son honneur :
« Le cœur ne doit manquer en louable entreprise.

« Puis l'instinct naturel nous fait croire aisément
« Cela que nous voulons et pensons ardemment,
« Et fortune tousiours aux hardis fauorise.

## LXVIII

*De la fleur du Soucy.*

Cveillez, pillez la jaunissante fleur
Qui du Soleil autrefois fut amie,
Que trop d'amour et trop de ialousie
Ont fait changer en si iaune couleur !

Du nez sans plus vous en sentez l'odeur,
Et ie la sens auec la fantaisie
Si que ma face estant toute iaunie
Montre combien i'ay de soucis au cœur !

Le souci double auecque sa racine
Prend accroissance au fond de ma poitrine,
Qu'Amour luy mesme a planté de sa main !

Pleust aux bons Dieux qu'il eust enracinee
En vostre cœur la douleur saffranee
Aussi auant que ie l'ay dans mon sein !

## LXIX

*De l'Amitié.*

Nostre souuerain bien, nostre felicité,
C'est l'heur d'vne amitié qui ne soit ordinaire
Il n'est point d'element plus qu'elle necessaire,
Le Soleil n'est si doux aux moissons de l'Esté.

Je l'estime d'autant qu'en la necessité,
Au milieu du naufrage où Fortune est contraire,
Elle fait preuue à tous de cela qu'on doit faire,
Et combat pour l'ami contre l'aduersité :

Ainsi les feux iumeaux paroissent au nauire,
Quand l'orage cruel luy monstre plus son ire :
Car le geste d'vn Dieu c'est aider en tourment.

On n'auoit d'amitié parauant connoissance
Qu'en songe, qu'en Idée, et par nom seulement,
Sinon depuis qu'en vous elle a pris son essence.

## LXX

Plein d'vn Desir qui vagabond me presse
Me déuoyant de tout autre penser,
Ie suy le bien que ie deurois laisser
Vne sauuage et mauuaise Deesse.

Ce faux Desir en nul temps ne me laisse,
Il me dérobe, et ne le puis forcer
Qu'estant le maistre il ne vienne chasser
Tous mes esprits apres ce qui me blesse.

Il me contraint de me fuïr moy mesme
Pour suiure en vain la Nymphe que trop i'aime,
Que nous suiuons comme la nuë en l'air.

On peut en songe ainsi l'Idole prendre
Qui deceuant les mains ne veut attendre
D'vn qui la suit et la pense accoller.

## LXXI

Ie sens, fierc Artemis, vne double chaleur :
L'vne tient le dehors, l'autre au dedans me brule,
Et me fait endurer vn pareil chaud qu'Hercule
Quand brulant il brula sa venimeuse ardeur.

Elle m'ard les poulmons, les veines, et le cœur,
Esparse en tous endroits : l'exterieure est nulle
Quand au Tropiq d'Hiuer le Soleil se recule :
L'autre en toute saison me detient en langueur.

Tu es plus (mon Soleil) que n'est celuy du monde :
Quand il plonge en la mer sa longue tresse blonde
Les hostes de la terre il n'échaufe qu'vn peu.

Mais combien que ie sois loin des rais de ta face
Tousiours leur viue ardeur en moy passe et repasse,
Et ie suis pres et loin vn deluge de feu.

## LXXII

O beaux cheueux, liens de ma franchise,
Qui meritez d'accroistre dans les Cieux
De sept flambeaux les astres radieux,
Mieux que le chef qu'Egypte fauorise.

O gorge, albastre, où sa blancheur a prise
Le Lys royal, non du laict precieux
Qui alaitta le Dieu Mars furieux
Où mainte perle a sa beauté conquise !

O belle bouche, en qui tout l'Oriant
A mis ses dons, prodigue, y mariant
Les Diamans aux Rubis que i'adore :

O beaux propos qui naissez au dedans
Et bref, Deesse aux yeux des regardans
Iunon, Pallas, Venus, Dione, Aurore !

## LXXIII

Le cruel Vent qui mon vaisseau repousse
Sont vos Dédains opposez au deuant,
Et mes souspirs encontre eux s'eleuant
Font mille esclairs de tonnante secousse.

La Mer Amour, qui triste s'en courrouce,
Et l'arc d'Iris en pluyes se creuant
Ce sont mes yeux qui vont tousiours pleuuant :
Scylle et Charibde est ta cruauté douce.

Ainsi ie fais vne comparaison
Des deux vaisseaux où ie suis en prison
Mais l'vn auprés voit la riue de Loire,

L'autre amoureux de secours déuestu,
De tous costez des tempestes batu,
Ne voit le port, et n'espere victoire.

## LXXIV

*Des Cheueux.*

Ces cheueux crespelus, doux liens de mon ame
Que i'aime d'autant plus que mon plus grand malheur
Vient de trop regarder le blond de leur couleur,
Desnoüez me cachoyent le beau sein de Madame :

Lors mon cœur s'enuola dans cette blonde trame,
Sautant comme l'oyseau, sous l'ombreuse verdeur,
De branche en branche saute au gré de son ardeur,
Et maintenant en vain vers moy ie le reclame.

Deux mains incontinent outre mesure belles
Reserrerent les flots de leurs blondes cautelles,
Et serrerent dedans mon cœur enuelopé.

Ie criay, mais mon sang qui se gela de crainte
Feit estoufer ma voix sous l'estomac contrainte,
Tandis il fut lié et n'en est eschappé.

## LXXV

*A vn Rossignol.*

Dovx Rossignol qui viens tous les ans dans ces bois
Afin de lamenter sous l'espaisse ramee,
Ie reconnois en toy ta plainte accoutumee
Et les accents mignards de ta gentile voix.

Mais tel que l'an passé, helas, tu ne me vois!
La diuine beauté, la vertu renommee
D'vne qui ne sçauroit assez estre estimee,
A ma voile ont changé le doux vent que i'avois.

Tu auras desormais qui ioindra nuict et iour
A tes accords plaintifs ses complaintes d'amour:
En lieu que i'estois libre, ores depuis que i'aime

Tu me verras esclaue apprester à mon cœur
Des soucis pour viande, et de l'œil mon vainqueur
Me faire vn esperon et vn frain à moy mesme.

## LXXVI

### De la Vertu.

Av dire des anciens maintenant i'ay creance
Qui bien philosophans curieux de sçauoir,
Amoureux de vertu firent tant leur deuoir
Que leur diuin esprit en eut la connoissance.

Ils disoient que Vertu d'immortelle substance
Ne se peut d'œil humain iamais apperceuoir :
Mais que si prenant corps elle se laissoit voir,
Nous brulerions d'amour voyants son excellence.

Depuis qu'elle a pris corps dedans vostre beauté
Ie connois maintenant qu'ils ont dict verité
Des ardans aiguillons dont elle pique l'ame.

Vous estes la Vertu, ie la dois admirer,
Me bruler de son zele, ardemment l'adorer :
Qui d'aimer la Vertu m'oseroit donner blâme ?

# LXXVII

Lansac, pere d'honneur, de vertu, de bonté,
Combien qu'en mille faicts paroisse ta belle ame,
Elle se montre aussi quand tu ne donnes blasme
A celuy que l'Amour priue de liberté.

Amour dedans tes vers quelquefois est chanté
Comme Dieu qui les cœurs d'vn beau desir entame,
Et rien qu'à la vertu ses amoureux n'enflame :
Pource les Thespiens festoyent sa déité.

Vne riche maison est bien plus honorable
Et bien plus belle à voir, quand vn feu perdurable
Reluist dans le foyer tres saint et sacré lieu.

Aussi l'homme sentant la chaleur amoureuse,
Plus qu'vn autre diuin ha l'ame plus heureuse :
Qui ne seroit heureux accompagné d'vn Dieu ?

## LXXVIII

Mille flots amoureux incessamment roulans
En mon esprit troublé, noyent mon premier aise,
Et faut que ces torrens dans leurs riues i'appaise
Qui serrez de contrainte en sont plus violans!

Le murmure des flots leurs cours ammoncelans
Sur les champs rauagez, ne bruit de telle noise
Que ce Chaos bouillant qui dans moy ne s'accoise,
Traisnant mille pensers l'vn sur l'autre coulans.

Et comme par les champs le débordé rauage
Gaste des Laboureurs l'esperance et l'ouurage,
Arrachant aux sillons la racine des blez;

Ainsi la cruauté, la beauté, l'arrogance,
Ayans tous leurs efforts contre moy redoublez
Déracinent en moy de l'amour l'esperance.

*Sonnets dv dveil de Cleophon* (1)

## LXXIX

Ie sçay bien que les fleurs n'ont toujours mesme honneur
Ie sçay que le printems en tous les mois ne dure,
Ie sçay que des forests s'effueille la verdure,
Et que tousiours aussi n'est morte leur verdeur.

Ie sçay bien que la Lune estant rouge en couleur
N'ha tousiours vn tel teint, et pronte de nature,
Qu'elle ne luist tousiours d'vne mesme figure,
Mais ie sçais que tousiours pareille est ma douleur.

Ie sçay bien que tousiours ie loge pour mon hoste
Vn regret des amis que l'infortune m'oste,
Et que de mon penser ils sont tousiours suiuis.

Ie sçay que vainement on gesne sa pensée
D'autant qu'elle est beaucoup des destins deuancée,
Mais bien aimer ne peut retenir tel advis.

---

(1) Ecrits pour Henry III pleurant la mort de ses mignons.

## LXXX

Las! vn sommeil de fer accable pour iamais
Cailus et Maugeron et Sainct-Maigrin souz terre,
Que bonté, que beauté, que vaillance de guerre
Regrettent à l'enuy pour la guerre et la paix.

Le desir de qui plus mon ame ie repais
(Combien que tel desir en moy face un tonnere)
C'est de les desirer, et du lieu qui les serre
Deterrer pour le moins leurs beaux noms et leurs faicts.

La mediocrité, le moyen, ni la honte
Ne peuuent commander que ie n'en face conte,
Croyant ne pouuoir pas les soupirer assez.

Que mediocrement les hommes on regrette
Qui mediocrement ont la grace parfaitte :
Les extresmes regrets sont pour ces trespassez.

## LXXXI

Comme les fleuues sont à leur source petits,
Puis en gangnant chemin d'vne longue estenduë
Plus larges et plus grands paroissent à la vuë
Augmentez de ruisseaux et de fleuues vnis.

Ainsi depuis le iour que vos corps furent mis
Au rang des non-viuans en saison trop induë,
Les regrets que i'ay faits (telle perte auenuë)
Sont si bien augmentez qu'ils semblent infinis.

Le nombre toutefois en fut lors si extresme,
Que ie n'eusse plus fait en me perdant moy-mesme,
Pource que vous perdant tousiours perdu seray.

Donq celuy qui croira que les sources luisantes
Des fleuues argentins sont à iamais courantes,
Croye que pour iamais ie vous regretteray.

## LXXXII

Qve maudit soit l'obiet qui vous troubla le cœur,
Que maudit soit le iour qui vous mit en querelle :
Maudit soit le moment que Lachesis cruelle
Voulut de vos beaux ans estaindre la splendeur.

Maudite soit l'espée à qui vint ce malheur
De se tremper au sang d'vne ieunesse telle :
Maudit le forgeron qui en fit l'alemelle
D'vne main sacrilege et pronte à la fureur.

Maudit soit tout cela qui pourroit estre cause
Que vous ayant perduz iamais ie ne repose.
Maudite soit encor la constellation

(Si pouuoir ha sur nous des astres l'influence)
Qui ioignit vostre mort presque à vostre naissance,
Maudit soit qui se rit de mon affection.

## LXXXIII

Alors que le Soleil fait éclipse à la terre
(Le globle de la Lune estant mis entre-deux)
La terre se lamente, et d'vn front tenebreux
Monstre qu'vne frayeur toute en soy la resserre.

Quand aussy le flambeau qui durant la nuict erre
Et qui passe en vn mois tous les signes des Cieux,
Sent eclipse, il paroist chagrin et soucieux,
Et la terre le fasche en luy faisant la guerre.

Quand les bois et les champs perdent leur ornement
Ils ont la face triste, et tout egalement
Se voile de tristesse où il perd sa lumiere.

Donq ie pleure à bon droit, ie lamente et me plains,
Voyant les beaux soleils de la ieunesse estains,
Qui s'eclipsant à moy m'enferment en la biere.

## LXXXIV

Visitant l'autre iour vos tombes honorables
I'auisai que l'amour les parfumoit d'encens
Et que d'vne autre part, en gracieux accens,
Les Kharites chantoient des chansons pitoyables (1).

Amour de son carquois et fleches redoutables
Y dressoit vn grand feu, signal aux regardans
Que toute sa puissance enclose là dedans
N'esperoit plus de faire aucuns faicts memorables.

Les petits ieux mignards, les gentils amoureaux,
Les beautez luy aydoient autour de voz tombeaux
A gemir vostre perte à nulle autre seconde.

Alors ie m'escriay, voyant ce diuin dueil :
Tu es le plus heureux des cercueils, ô Cercueil!
Embrassant le plus rare et precieux du monde.

---

(1) Les *Kharites* : les Grâces.

## LXXXV

Le ieune Maugeron voyant Cailus s'armer
Pour se mettre au hazard de venger sa querelle,
Ne voulut endurer (cœur d'amitié fidelle)
Que sans luy le combat vint à se consommer.

Beau comme vn que Venus sur tous voudroit aimer,
Vaillant comme sont ceux que vrais Mars on apelle,
Amy tel que l'antique et la saison nouuelle
N'en pourroit vn plus grand ny semblable nommer.

Or tuant au combat la personne ennemie,
Il estaingnit aussi le tizon de sa vie,
Et la Parque se mit en ses beaux cheueux d'or ;

Mais auant il ietta cette braue parolle :
Mourir pour mon amy tant et tant me consolle,
Que si ce n'estoit fait, ie le voudrois encor.

## LXXXVI

Qvand le fils de Nestor vit choir en sa poitrine
Le glaiue de celui que l'Aurore enfanta :
Quand Patrocle sentit le fer qui le donta
Dessous la main d'Hector plein de force diuine :

Tous deux souillez de sang en leur face iuoirine
Eurent Achille alors qui fort les regretta,
Mais ie vous ay gemy plus que ne lamenta
Ce Prince qu'eut pour fils la deesse marine.

Il coupa ses cheueux au dueil de ses amis
Que ses vœux à son fleuue avoient desia promis,
Et i'ai coupé les miens dessus vos funerailles ;

Mais ce debuoir est peu, car si de ce bas lieu
On ozoit s'en aller sans le congé de Dieu,
Mon espée eust plongé dans mes propres entrailles.

## LXXXVII

Les cendres de Memnon prirent forme d'oyseaux,
La fille de Tantale en pierre fut changée,
Et ie desire voir ma figure rangée
En tout ce qui pourroit seruir à vos tombeaux.

Ie voudrois que mes yeux deuinssent les flambeaux
Par qui fust à iamais vostre tombe esclairée,
Et que mes os changez en pierre elabourée
Peussent representer vos corps polis et beaux.

Ie voudrois que ma langue en voix fust conuertie,
Qui rendist en tous lieux vostre gloire infinie,
Et que mon reste fust vn Printemps ieune et doux.

Qui près de vos tombeaux portast mille fleurettes
Inscrites de voz noms et peintures parfaittes,
Afin que tout de moy ne fust rien que de vous.

## Sonnets divers.

### LXXXVIII

Devant que l'on deualle vn nauire en la mer,
Et deuant qu'vn bateau descende en la riuière,
On ne sçait s'ils sont bons pour prendre leur carriere,
Sans craindre à leurs costez les vagues escumer.

Deuant qu'aucuns vaisseaux se puissent estimer
Parfaits, bien agencez, et de bonne matière,
Soit qu'ils soient faits de terre ou d'une masse entiere,
Il faut quelque liqueur au dedans enfermer.

Or comme on ne sçait point si leur nature est ferme
Deuant que dedans eux quelque liqueur s'enferme,
Les vaisseaux par cela se connoissans entiers,

Aussi vous ne pouuez deuant qu'en faire espreuue
Sçauoir si la constance en mon ame se treuue :
Celle qui aime bien se fie volontiers.

## LXXXIX

*De la Punition diuine.*

Afin que les meschans sentent plus griefuement
Et plus au vif les trais qu'vn changement aporte,
Affligez d'vn regret qui poingne en toute sorte,
Dieu par fois ha coustume en user tellement.

Il retarde l'effet du iuste chatiment,
Et d'vne impunité leur semble faire escorte,
Leur ottroye fortune et plus grande et plus forte,
Et des plus grands bonheurs leur donne sentiment.

Sont-ilz haut esleuez, soudain il les atterre,
Il punist leurs mesfaits, leur estomac enferre
Plus viuement nauré par la mutation.

Tousiours enfin la peine, encore qu'elle cloche,
(Courent tant qu'ils voudront) près des meschans aproche,
Et rarement omet une punition.

## XC

*D'vn Baiser.*

Il aduint une fois qu'Amour auoit laissé
La mere de beauté que sa mere on apelle,
Lors Venus en cherchant ce fils eslongné d'elle
Crioit qu'on se gardast d'en estre carressé.

Elle crioit partout qu'on estoit offensé
Par infinis attrais dont vse sa cautelle,
Mais l'vn des principaux que racontait la belle
C'estoit que ses baisers mille cœurs ont blessé.

Fuyez tous ses baisers, ce disoit Cytherée,
Ses baisers rendent l'ame ardente et alterée,
Ilz sont pleins de venin, ilz sont pleins de poison.

Par toy ie le connois, ô Nymphe sans pareille !
Depuis que i'ai baisé ta leure si vermeille,
Ie brule, ie suis feu, i'ai perdu ma raison.

## XCI

*Que rien ne se perd.*

Rien ne se perd au monde, et ce qui diminuë
En quelqu'endroit du monde ailleurs en gagne autant.
Si la mer quelquefois vn païs va gastant,
Elle laisse autre part autant de terre nuë.

S'il se descouure aussi quelque terre inconnuë
A quelque voyageur sur la mer frequentant,
Il ne faut pas douter que la mer s'escartant
N'en cache autant ailleurs, l'ostant à nostre vuë.

Quand aussi quelque bien ou plaisir se depart
Et s'esgare de nous, il se trouue autre part,
Ou nous en recouurons ailleurs vn tout de mesme.

Vous voyant i'ay connu que mon dire est certain,
Car en vous i'ay trouué plus de grace et de gain
Qu'en tout ce qui iamais me fut vn bien extresme.

## XCII

*Que personne n'est libre.*

Nvl, quiconque soit-il, ne vit en liberté.
Nul au monde n'est libre, et quelque seruitude
Presse tous les humains de chaisne douce ou rude,
Selon qu'est le suiet de leur captiuité.

L'vn est serf de l'argent dont il est surmonté,
L'autre suit la fortune aveq soin et estude,
L'vn s'esclaue aux Seigneurs payans d'ingratitude,
L'autre se fait captif de toute volupté.

L'vn ha l'ambition qui le tient en seruage,
L'autre sert à vn peuple et ingrat et volage,
Les loix d'austre costé nous empeschent d'vser

Des mœurs et des façons qui souuent peuuent plaire :
Chacun ha son lien, mais beaucoup on peut faire
Quand au plus doux seruage on se peut exposer.

## XCIII

*Du feu cheualier du Bonnet.*

Le Nocher qui longtemps dessus les flots venteux
Sur la mer ha souffert maint different orage,
Est aise quand il voit la terre et le riuage,
Eschapé des hazards et des vents perilleux.

Il apelle, il salue, aueq vn cœur joyeux
Le port bien asseuré : puis loing de tout naufrage
Il passe doucement auprès de son mesnage
Le reste de ses ans desia foibles et vieux.

Ainsi après auoir dedans la mer mondaine
Passé mille périls en differente peine,
Bonnet se resiouit à l'heure de sa mort ;

Pour ne deuoir plus rien à quelqu'vn des celestes,
Il se mit volontiers souz les ombres funestes
Et le trespas certain luy sembla comme vn port.

## XCIV

*Du gris. — Au Roy.*

Si vous aimez le gris, vous aimez patience
Conioincte aux bonnes mœurs et à l'humilité,
Au trauail esperant, à la fidelité,
Qui mettent soubz le pied toute folle arrogance.

Les sainctz religieux qui preschent l'abstinance
Vestent d'vn habit gris leur simple austerité :
Mille pierres d'eslite en parent leur beauté,
Mille fleurs sur les champs en parent leur substance.

Les cendres, demeurant de tous feux consommez,
Sont grises, et aussi mille corps estimez
D'animaux endurans patiemment la peine.

L'aimant ami du fer s'habille tout de gris :
En la terre et au ciel il est d'excellent prix,
Doncques si vous l'aimez ce n'est vne amour vaine.

## XCV

### Du Noir.

La modeste Venus la honteuse et la sage
Estoit par les anciens toute peinte de noir,
Et pour veuuage, dueil, loyauté faire voir
La tourtre aussi fut faitte aveq vn noir plumage (1).

La sommeilleuze nuit qui noz peines soulage,
Qui donne bon conseil, se fait noire aparoir;
Les mysteres sont noirs, profonds à conceuoir,
Noire est la vérité cachée en vn nuage.

Mille corps et non corps d'vn excellent effet
Ont ce teint, et sans luy nul portrait n'est bien fait :
Chacune autre couleur l'vne en l'autre se change.

Luy seul est sans changer, signe de fermeté,
De regret, de sagesse : aussi je l'ay chanté
Pour vne qui sur toute en merite louange.

---

(1) Tourtre : *Tourterelle*.

## XCVI

*Du bleu et de l'orangé. — A ma lumiere.*

Ie leue à tous momens dedans le Ciel mes yeux,
A tous momens aussi de vous j'ay souuenance,
Voyant que voz couleurs, belles par excellence,
Seruent d'habillement et parement aux Cieux.

Vn beau manteau de bleu luizant et precieux,
Plein d'infinis rayons d'orangée aparence,
Quatre mois sans nuage a vestu leur essence,
Tant le Ciel de vous plaire aparoist curieux!

Nephele son amante et déesse des nuës,
Ialouze que par luy voz beautez soient connuës,
S'opposant quelquefois l'empesche de vous voir,

Mais soudain il la chasse afin qu'il vous admire :
Donq honneste et diuin soit loué mon deuoir
Aspirant aux beautez où le Ciel mesme aspire.

## XCVII

*Du jaune doré.*

Las! qu'est-ce que diroient tant de chozes dorées,
Et la belle Judith, et l'or tant desiré,
Si i'oubliois l'honneur du beau jaune doré,
Veu que mille beautez par luy sont adorées.

Les images ne sont que bien peu reuerées,
Si leur habillement ne s'en voit honoré :
Tous les fruits ont de luy leur dessus peinturé
Quand de maturité leurs peaux sont colorées.

Les astres enleuans des beautez tout l'honneur
Ne sont tant estimez que pour cette couleur;
Cerès n'aime ses champs s'ilz n'ont telle teinture.

Il enrichit la terre et les cieux d'ornement,
Il signifie aussi le doux contentement :
O Dieu! contente-moy d'effet et de peinture.

## XCVIII

*A M. Yves le Tartier
doyen de S. Estienne de Troyes.
— En quoy consiste la Vertu.*

Il ne faut trauerser les gouffres inhumains
Du long, large Océan, ni de son Amphitrite
D'vn bout à l'autre bout qui la terre limite
Pour trouuer la vertu déesse à tous humains.

En la bouche consiste et au cœur et aux mains
D'atteindre à son honneur : quand le cœur ne medite
Rien que l'honnesteté qui louange merite,
Et quand d'honnestes mots tous nos discours sont pleins.

Quand noz deux mains aussi n'exercent nulle chose
Sinon ce qu'en auant la vertu nous propose :
Voilà comme le vice est captif enchaisné.

Donq si penser, si dire, et faire chose honneste
Du laurier des vertus nous couronne la teste,
Qui mieux que vous merite en estre couronné ?

## XCIX

*Pour une Peinture. — A Mlle Janne du Plessis.*

Comme le peintre Apelle, en tous endroits vanté,
Ne passoit aucun iour sans tirer vne ligne
De l'art où il estoit par dessus tout insigne,
Pour quelque empeschement qui luy fust presenté.

Ainsi le Ciel heureux vzant de sa bonté
Ne cesse tous les iours de montrer quelque signe
De l'amour qu'il vous porte, en vous rendant plus digne,
Et faizant chaque iour croistre vostre beauté.

Pourtant il vous faudroit vn Miquel-Ange encore
Excellent au perfait qui la peinture honore
Qui ne peust retirer sa main de son tableau.

Si le Ciel fauorable augmente d'heure en heure
Voz beautez où la grace auec l'amour demeure,
Faut-il pas tous les iours vous peindre de nouueau.

## C

Vn amour qui s'estaint au fleuue d'oubliance
Et ne passe au delà du riuage oublieux
Ne se peut dire amour, mais il s'appelle mieux
Vn faux semblant de luy soutenu d'aparance.

Les colombes tousiours cherchent leur demeurance
Où l'édifice est blanc, puis soudain qu'il est vieux
(La blancheur disparuë) ilz cherchent autres lieux,
Mais je n'estime point vne telle inconstance.

Ie ressemble au lierre : il aime constamment
L'arbre son bien-aimé, sans faire changement,
Et comme s'il viuoit, en son trespas l'embrasse.

Voyez-vous pas ce tronc sec et desraciné
Qui des bras du lierre est tousjours enchaisné?
Mon amour sur la mort a gangné telle place.

## CI

Ie veux mal au printems, ie veux mal à l'esté
De ce qu'ilz sont si beaux et joüissent à l'aize
De celle qui me tient en glaçon et en braize :
Ie voudrois que l'hyuer leurs honneurs eust gasté.

Ilz paroissent plus beaux que iamais n'ont esté
Afin que leur saison dauantage luy plaize.
Ha! faux competiteurs de volonté mauuaize,
Ne tenez plus aux champs ce que m'auez osté.

Laissez la retourner afin que ie la voye,
Si vous ne desirez que dessus vous i'enuoye
Mille imprécations pour vous faire perir.

Sa veuë à la parfin ne vous peut estre vtile
Si ie meurs absent d'elle au seiour d'vne ville,
Sa presence a pouuoir de vous faire mourir.

## CII

Les habitans de Crete et les peuples de Thrace
Marquoient de pierre noire vn iour infortuné,
Et les iours qui auoient vn bonheur amené
Estoient marquez du teint qui la noirceur efface.

Si d'vne pierre noire en differente place
I'auois marqué les maux qui m'ont enuironné,
Depuis qu'à bien aimer les Cieux m'ont destiné,
O que les cailloux blancs tiendroient bien peu d'espace.

I'ay esté fortuné, i'ay esté malheureux,
Selon que m'a permis le sort aduentureux
Et comme Iupiter dispense nostre vie.

Mais entre les beaux iours qui m'ont porté bonheur
Celuy-ci dessus tous emportera l'honneur
Si l'heur est le plus grand dont on a plus d'enuie.

## CIII

*A M^lle Helene de Surgères.*

I'imaginois, Helene, en ce lieu solitaire,
Au milieu des vallons, des ruisseaux et des bois,
Donner quelque relache aux plaintes de ma voix,
Et faire reposer mon trauail ordinaire.

Mais Ronsard adorant ta vertu non vulgaire
L'a tant mise en auant parmy tous les endrois
Qu'on ne vante qu'Helene, et là ie reconnois
Que tout est desireux de te pouuoir complaire.

Les fontaines, les pins ne portent que ton nom,
Et moy qui ne te hay, ioyeux de ton renom,
Ie rallume en ces feux mon amoureuse cendre.

Ruisseaux, monts et forests entendent mes amours,
Se plaizent d'y respondre, et ie ne chante aux sourds,
Mais celle qui les doibt ne les veut pas entendre.

*Pièces diverses.*

## CIV

*Pour vn festin
faict aux Tuilleries aux ambassadeurs polonais* (1).

### LA NYMPHE ANGEVINE

Monarque inuincible, Charle,
Ne tourne à témérité
Si devant ta Royauté
Seule des Nymphes je parle.

Je veux chantant de ton Frere
Que m'as donné pour seigneur,
Montrer ma ioyeuse ardeur
Au succez de son affaire.

Le Pere du Ciel me donne
Tousiours des Princes guerriers,

---

(1) Cette pièce ne se trouve que dans l'édition de 1575.

Qui gaignent par les Lauriers
Mainte royale couronne.

Passerois-ie sans le dire
Mon heur fatal et diuin,
Voyant mon Duc angeuin
Roy du Polonois Empire ?

Je reconnois (fortunée)
En mon valeureux Henry,
Que mon fils est fauory
D'éternelle destinée.

Vn Loys de mesme race,
Mon seigneur, sang de Valois,
Au millieu des Polonois
Choisit une mesme place.

L'isle au triple promontoire
Sicile, tombeau de ceux
Qui eschelerent les Cieux
Sçait la splendeur de ma gloire.

Les campagnes Idumées
Et la saincte region,
Mainte fiere nation
Sont de mes palmes semées.

Et nostre Henry n'est moindre
En rien à ses deuanciers :
Ses faicts qui marchent premiers
Peuuent leurs gloires éteindre.

Aussi le nom de ses gestes
Ne l'a moins qu'eux auancé
Et par là sera poussé
Dessus les voûtes célestes.

Comme des fins de l'Asie
La Romaine maiesté
Receut le sceptre apporté
De mainte cité choisie;

Ainsi la maison feconde
De France, florist d'enfans,
Qui genereux triomphans
Commandent par tout le monde.

Royne, mere plantureuse
De tant de Princes tous Roys,
Ains la mere des François
Vy quatre fois bien-heureuse.

Priant du Ciel l'influence,
Qui a voulu couronner

Ton fils Heny, fortuner
Sa valeur et sa puissance.

Et comme dès son ieune âge
Il a vaincu les dangers
Au milieu des estrangers
Il prospere dauantage.

Heureux aux peuples estranges
Non moins qu'aux François, afin
Que de cet œuure la fin
Porte en tous lieux ses louanges.

Car la vertu qui l'incite,
Ses victoires, ses hauts faits,
Sont dignes qu'à tout iamais
L'heur ensuyue son merite.

## CV

### VN ADIEV

Gvide mes pas, amoureuse Maistresse,
Auec Amour, or que plein de tristesse
Bien loing de toy ie m'absente d'ici,
Rompu de dueil, de peine et de souci :
Ie sens desia s'aneantir ma force,
Et que de moy ne reste que l'escorce,
Laissant ici ma pensée et mon cœur
Restez en l'œil qui en fut le vainqueur :
Estre ie pense en vne fosse noire
Depuis qu'il faut que ie quitte mon Loire,
Et deuant moy campe vne obscure nuict,
Sortant du iour qui tout seul me reluit.

I'auray du corps mon ame separee,
Ie sens desia qu'elle n'est asseuree,
Et qu'à l'adieu de ce triste depart
Elle s'en va loger en autre part,

Viuant sans plus lorsqu'en tes yeux, madame,
Elle se paist et nourrist de sa flame.
Sans ame, ô Dieu pourray-je respirer !
Vist-on iamais l'homme vif demeurer
Sans auoir l'ame au corps, le corps mouuante ?
O chers amans, pleins d'amitié constante
Regardez-moy ! vous verrez l'amoureux
Estre viuant en plaisirs langoureux,
Mesme sans ame, et sans cœur et sans vie,
Qui ont tousiours ma maistresse suiuie :
Tel privilege ha l'amoureux transi,
Viure en l'aimee, et ne viure qu'ainsi.

Coutaux vineux adieu, plaines herbeuses,
Course de Loire aux riues sablonneuses,
Adieu, maison de nos amours témoin,
Tousiours mon nom fay bruire en quelque coin,
Afin qu'on aye en si facheuse absence
Vne heure au iour de moy la souuenance,
Qui me sera bien suffisant payment
De mon gentil et gracieux tourment.
Adieu, plaisirs, amoureuses blandices,
Adieu mon bien, mes plus chères delices,
Adieu mon cœur, mon sang, mon souuenir :
Las ! que pourray-ie, estant loing, deuenir ?
Loin de tes yeux qui mon âme sustentent,
Et seuls tousiours seulement me contentent

Soit qu[...] la mer se plonge le Soleil,
Soit q[...] en sorte, il trouuera mon œil
Ne pris[...] rien sa clarté coustumiere
Pour [...]oir point ta celeste lumiere :
Car ie ne veux viure au monde, si non
Que pour louer les graces de ton nom.


Do[...]ues, adieu, prez, monts, taillis et plaines,
Et [...]s chemins coupables de mes peines,
Qu[...] t de fois i'ay frayé sous mes pas,
Al[...] u lieu cause de mon trespas.
Ad[...], maistresse, et tousiours te souuienne
D[...] uhaiter que bientost ie reuienne.


*FIN DU TOME PREMIER*

ŒUVRES POÉTIQUES

DE

# Amadis Jamyn

*Avec sa Vie*

PAR GUILLAUME COLLETET

d'après le manuscrit incendié au Louvre

et une Introduction

PAR CHARLES BRUNET

PARIS

LÉON WILLEM, ÉDITEUR

2, RUE DES POITEVINS, 2

—

1879

#  ŒUVRES POÉTIQUES

DE

# AMADIS JAMYN

**\***

Paris — Alcan-Lévy, imp. breveté, 61, rue de Lafayette

ŒUVRES POÉTIQUES

DE

# AMADIS JAMYN

Avec sa Vie

PAR GUILLAUME COLLETET

d'après le manuscrit incendié au Louvre

et une Introduction

PAR CHARLES BRUNET

PARIS

LÉON WILLEM, ÉDITEUR

2, RUE DES POITEVINS, 2

—

1878

## CVI

### ÉLEGIE

Le Soleil en naissant fait resiouir le monde,
Et de ses rais luisans touche la terre et l'onde :
Malheureux est celuy qui ne voit le Soleil,
Et qui n'œillade point son rayon nompareil :
C'est vn Dieu tousiours beau, pere de la ieunesse,
Par qui tout l'Vniuers s'affranchist de vieillesse.
Aussi vous retenant des beautez la beauté,
L'honneur et la vertu, douce de cruauté,
L'homme seroit mal-né, priué d'intelligence,
S'il n'estoit seruiteur d'vne telle excellence,
Et s'il ne regardoit le beau iour de vos yeux
Qui pourroyent faire honte à ce flambeaux des cieux.

Ie ne me vante heureux, bien que les Destinees

M'ayent par leur faueur mille graces donnees :
Mais ie me vante heureux, seulement pour auoir
Cette grace du Ciel que ie vous puisse voir,
Vous qui estes l'honneur des Dames de nostre âge,
De qui l'œil Paphien subiugue mon courage :
Œil diuin qui pourroit les batailles domter,
Pour qui de son palais descendroit Iupiter
Se muant et cachant en cent metamorphoses
A fin de posseder la merueille des choses :
Et c'est pourquoy ie dy dessus tous fortuné
Pour estre de vos ans le iour où ie fus né.

Admirant vos vertus et beautez de ieunesse,
Ie ne chante que vous à toute heure sans cesse
Sans iamais me saouler : Ainsi le Rossignol
Parmy les bois fueillus d'amourettes tout fol
Caresse son amante en la fraische nuitee,
Decoupant sa chanson d'vne voix écoutee :
« On ne se peut tenir de plaindre son souci,
« Ie ne me puis lasser de vous chanter aussi.

## CVII

### POVR MONSIEVR LE DVC D'ALENÇON (1)

Comme vne belle et claire estoile,
Quand la nuict couure de son voile
Le beau iour dans les eaux couché,
Sort du sein de la mer profonde,
Monstrant sa belle tresse blonde
Et son front longuement caché.

Puis au Ciel veillant retournee
Reluist de rayons couronnee,
L'obscur allumant de ses yeux :
Si qu'entre les feux des Planettes
Qui des eaux sortent les plus nettes
Embellist la voûte des cieux.

---

(1) François de Valois, duc de Touraine, puis d'Alençon et d'Anjou, quatrième fils de Henri II, le seul qui n'ait pas régné. — Né en 1554, mort en 1584.

Ainsi ce ieune Duc qui porte
Ses rayons en la mesme sorte
Qu'vne Planete de bon-heur,
Respandant ses flammes plus claires,
Reluist au milieu de ses Freres,
Faisant paroistre son honneur.

En vertus croisse sa ieunesse,
Son cœur soit armé de proüesse,
Tousiours plein d'vn braue souhait,
En suyuant les pas de sa race,
Méprise toute chose basse,
Ayant le Ciel pour son suiet.

## CVIII

### CANTIQVE DE LA VICTOIRE DE MONTCONTOVR (1)

Svs, peuples, sus, chantez le seigneur Dieu,
Dont la vertu, dont la gloire suprême
Comme vn grand feu reluit en chaque lieu :
Et qui porté dans le ciel par soy mesme
Anime seul et gouuerne ce Tout,
N'ayant en soy commencement ny bout.

Sus, sus, François, celebrons son nonneur :
C'est ce grand Dieu qui nous orne de gloire,
Qui des assauts, des armes est seigneur,

---

(1) Remportée par Henri III, alors duc d'Anjou, le 3 octobre 1569.

Qui des combats ordonne la victoire
A qui lui plaist : car elle est en ses mains,
Non en la force ou nombre des humains.

France, l'honneur de toutes nations,
Qui es assise en campagnes fertiles,
En champs heureux sur toutes regions,
Qui t'orgueillis de tant de fortes villes :
Leue après Dieu iusqu'aux voûtes des cieux
Charles ton Roy plus grand que ses ayeux.

Dieu qui le Sceptre en son pouuoir a mis,
Par le Demon du duc d'Aniou son frere
L'a fait vainqueur de ses fiers ennemis,
Monstres egaux à l'horrible Chimere
Qui vomissoit de sa gueule le feu,
Feu que ce Prince a esteint peu à peu.

Fils de Henry, ô Henry duc d'Aniou,
Le fer au poing tu as mis sous le jou
Tes ennemis escumans de menace,
Tout éhontez d'une rebelle audace :
Ainsi seras Bellerophon trenchant
L'orgueil enflé du rebelle mechant.

Le Monstre fier ses griffes auançoit
Dessus la France, et ia l'engloutissoit

Sans le secours de ta proüesse actiue.
Assez connoist la rivière de Diue,
Assez connoist le champ de Montcontour
Quand le bonheur fit en France retour.


Comme s'enfuit la legere vapeur
D'une fumée à replis ondoyante,
En l'air liquide : ainsi sous la terreur,
Duc belliqueux, de ta main foudroyante
Fuyoient tremblants de tous costez espars
Les ennemis tuez de toutes parts :


Tremblans menu comme l'on voit trembler
La feuille palle en la cyme d'un Tremble.
C'est Dieu qui veut ta puissance doubler,
Qui des mutins la force desassemble,
Frappe leurs yeux et les rend estonnez
Afin qu'au glaive ils soyent tous moissonnez.


Ils ont mordu, bien que fiers et grondans,
Rouges de sang, la terre de leurs dents,
Et sont tombez plus menu que la gresle
L'vn dessus l'autre abatus pesle-mesle :
Les vns à dos renversez estendus,
Les vns à ventre en leur long espandus:

Je les ay veu la campagne couurir
Qu'on veit de loin dessous leurs corps blanchir,
Comme de nuict quand la neige enfarine
A gros flocons les bords de la marine,
Ou les sommets des arbreuses foraists
Tombant sans ordre en monceaux bien espais.

Quand le deluge eut retiré ses eaux,
Ainsi gisoyent dessus la terre ouuerte
Maints hommes nus espandus par monceaux :
Voila comment aux despens de leur perte
Ton braue Nom par magnanimité
S'est emparé d'une immortalité.

En l'age prime, où tu es florissant,
N'ayant encor le menton blondissant
D'un poil doré, le Monarque Alexandre
Renuersa Thebe, et Thesé s'anima
Pour son païs à sa franchise rendre
Et le Cretois Minotaure assomma.

Mais plus diuins apparoissent tes faicts
D'auoir du tout ces fiers Titans deffaicts
Qui remuoient mille bras, mille testes,
En morions tousiours au combat prestes :
Gent conjurée à rompre et renuerser
Les fleurs de Lys que tu sçais redresser.

Ils ont esté trois fois ia foudroyez
D'un foudre aigu, sifflant, noir de fumée,
Et ton bras fort les a tous poudroyez
Comme vne poudre en vn rien consommée,
Que le tortis d'vn tourbillon de vent
Loin du regard emmy l'air va mouuant.

Sur tous humains aussi tu apparois
( Comme un haut Pin sur le petit bocage )
Illustre sang, noble race des Rois.
On reconnoist au reluisant visage
Qui éblouist auec rayons dorez,
Du clair soleil les enfans honorez.

Mais, ô grand Duc, bien que ton chef orné
Soit triomphant de Lauriers couronné,
Bien que ta gloire emplisse tout le monde,
N'en sois pourtant, Prince, plus glorieux,
Ains tout l'honneur se donne au Dieu des Dieux,
Et soit à toi la louange seconde.

## CIX

### ÉPIGRAMME

Dedans ce Chiffre est le nom de Henry
Au vostre vni d'une amoureuse sorte ;
Mais vostre cœur par vne amitié forte
De tant de laqs enlace vn tel mari
Auprès de soy, que mesme la Mort blême
Ne peut domter cet amour si extrême.

# CX

## POVR LE TEMPLE DE GLOIRE

Si les anciens n'ont basti pour la Gloire
Vn temple sainct comme pour la Victoire
Ou pour Vertu : c'est qu'ils n'auoyent trouué
Deuant ce Roy par armes éprouué
Vn qui fust digne estre au milieu du temple.
Il veut seruir à tous les Roys d'exemple
Que l'on achete vn rang entre les Dieux
(Comme il a fait) par actes glorieux.
Charles d'autant ses deuanciers surpasse
Qu'vn haut rocher vne coline basse,
Et qu'vn grand Orme vn petit arbrisseau.
Aigle des Roys, comme de tout oyseau
L'Aigle est le Roy volant outre la nuë
Par vne trace aux autres inconnuë.

Ce temple heureux est seulement basti
Pour le beau sang des demi-Dieux sorti,
Qui ont regi (gardez par la prudence)
D'vn iuste fer l'Empire de la France,
Qui valeureux ou en guerre ou en paix
Ont iusqu'au Ciel enuoyé leurs beaux faicts.
» Sur le portail est assise la Peine :
» Par là fut Dieu l'indomté fils d'Alcmene.
» Toutes vertus y plantent leur seiour,
» La Pieté, la Iustice et l'Amour,
» Tous les beaux Arts et les Sciences belles,
» Le blond Phebus et les Sœurs immortelles.
» Car on ne peut immortel deuenir
» Ny brauement au Temple paruenir
» Si la raison et l'ame n'est garnie
» De si diuine et plaisante harmonie :
» La renommee errant en diuers lieux
» En seme aprés le renom dans les cieux. »

Heureux celuy qu'vn chaud desir entame
De la vertu et qui sent en son ame
Les aiguillons de la Gloire qui point.
Se trouue-t-il qui ne reuere point
Vn Alexandre enuieux de conquerre,
A qui sembla trop petite la terre ?
Mais vn François merite de loger
En ce lieu sainct plustost qu'vn estranger.

Comme Phebus d'excellence premiere,
Aux autres feux fait part de sa lumiere,
Qui ne romproyent l'espaisse oscurité,
Si leur beau iour n'en estoit emprunté :
Ainsi la France en victoires feconde
Sert de lumiere aux nations du monde.
Quel coing de terre est si loin diuisé
Où le François n'ait sa lance aiguisé ?
Or sans labeur on n'a facile entree
Dans le palais de la Gloire sacree.
De rang seront attachez les Escus
Et les harnois, despouilles des vaincus,
Pour la Deesse, et d'vne chaisne rude
Seront contraints en longue seruitude.

Donc l'assaillant se garde d'acheter
Vn repentir (qu'il ne peut euiter)
Si de son sang et de viure il fait conte :
Ou bien qu'il pense estre vne honneste honte
De receuoir pour la vertu la mort,
Estant vaincu par les mains du plus fort.

# CXI

*Poëme de la Chasse.*

## AV ROY CHARLES IX

VIERGE, ensemble terrestre et celeste Deesse,
Illustre de cent noms, Diane chasseresse,
Dont le Ciel et la terre adorent le pouuoir,
Donne-moy ta faueur, vien ma langue émouuoir
A chanter dignement les plaisirs de mon maitre,
Quand il court au mestier qu'au monde tu fis naistre :
Eschange pour vn temps de ma lyre la voix,
Au son bien éclatant de la trompe des bois,
Et du cor enroüé que les Cerfs ont en crainte :
Ie veux sous la fraischeur de l'ombre qui m'est sainte
Animer les forests de l'honneur de mon Roy,
Couronné du Laurier que de luy ie recoy,
Et veux que son renom que l'Vniuers honore

Soit le commencement, le millieu, et encore
La fin de mes écrits. Il daigne me loüer
De sa bouche diuine, et pour sien m'auoüer :
Aussi tant que mon âme au corps sera mouuante,
Il ne faut que mon vers d'vn autre nom se vante.

Vous Nymphes de la Court, combien que le plaisir
De courir et chasser ne soit vostre desir,
Toutefois ne laissez d'écouter et d'apprendre
Ce qu'vne fille apprit dés sa ieunesse tendre.
Prestez à ce discours oreille et volonté
Puisqu'vne saincte Vierge a tel art inuenté
Pour fuïr les appasts et l'amorce du vice,
Comme vous l'euitez par honneste exercice.

Si tost que le Soleil de rayons attourné
A sur nostre horizon sa clairté ramené
En ces beaux iours d'Esté, l'autre Soleil de France
S'éueille, et de son lict legerement s'élance,
S'habille, ceint l'espee, et tres deuotieux
Inuoque à deux genoux le Monarque des Cieux :
Car il faut par vn Dieu commencer son ouurage.
Au deuant du chasteau l'attend son equipage,
Ses Piqueurs, ses Veneurs, ses Limiers, ses Valets,
Et ses Pages montez pour se mettre aux relais :
Vne belle noblesse est aussi tousiours preste,
Ioyeuse à vaincre au cours vne sauuage beste.

Sa carosse l'attend à quatre blancs cheuaux
Plus vistes que les vents : Ceux qui font les trauaux
Du chemin du Soleil n'ont la course si prompte :
Ils font de leur blancheur à ceux de Phœbus honte.
Ou s'il monte à cheual, son cheual vigoureux
En la bouche maschant le frein d'or écumeux,
Frappe du pié la terre, et sur l'echine large
Hannist de receuoir telle diuine charge.
Ses Archers de la garde enuironnent son corps.

Ainsin accompagné le Roy marche dehors
Auec tout l'attirail d'vne aboyante chasse.
Cent Chiens promts à courir et flairer vne trace
Sont autour de ses flancs, dont les oreilles sont
Pendantes, et la queüe est droite en contremont.
Aprés que dans le bois le gaignage ou la taille
Cette chassé est venue ordonnée en bataille,
Il s'auance à la queste en tenant son limier
Rigaut, qui de haut nez est tousiours le premier,
Et qui rembuche mieux vn cerf de hautes erres
D'vn sentiment subtil penché contre les terres.

Puis quand ce grand Veneur par la pince a connu
Quelles voyes ou route ont le Cerf detenu,
Ou bien par le frayoir, par l'égail et portees,
Il reprend les deuants et iette ses brisees.
Tous les autres Veneurs et les valets aussi

S'exercent par le bois d'vn semblable souci,
Non comme luy pourtant : Car de nulle science
( Grande ou petite soit) ne le fuit l'excellence.
Il sçait mieux que nul autre en ce dur passetemps
Les ruses d'vn vieil Cerf, ou s'il va de bon temps;
Il sçait prendre le droit, et comme Capitaine
Apprend à ses suyuans le chemin à la peine.

Comme le labyrinth par Dedale basti
Viroit en cent destours aueuglement parti,
Qui trompoyent d'vne voye en replis tortueuse
Le pié des enfermez en cette erreur douteuse,
Tel est le destourner d'vn Cerf malicieux,
Qui r'entre et sort sur soy cent fois en mesmes lieux.

Tout le matin se passe à rabatre vne beste,
Puis au disner se fait le raport de la queste
Faitte en diuers buissons : Là se vante à propos
Iacques plus que les Chiens et les Cheuaux dispos,
Qui de ses pieds venteux iamais loing n'abandonne
La Meute en tout païs : Tant l'honeur l'esperonne
D'estre veu de son maistre et d'emporter le prix
Dessus ses compagnons à courir bien appris.
« De complaire à son prince est louable l'enuie !
Quand la soif est esteinte et la faim assouuie,
Quand le rapport est faict en l'assemblee, alors
Le Roy monte à cheual et s'en retourne és forts.

D'vn mandillon de pourpre éclatant par la nüe,
Ou d'vn vestement vert son espaule est vestüe :
Vne trompe d'argent en écharpe luy pend,
De qui le son royal sur les autres s'entend.
Si tost que le son frape à ses veneurs l'oreille,
Le cœur leur rebondit et la meute s'éueille :
Toutes les Deïtez hostesses de nos bois
Comme si Pan sonnoit en reuerent la voix,
Les Nymphes vont sentant les pointes amoureuses
Regardant sa beauté sous les feuilles ombreuses,
Et quelqu'vne tout bas dit ces mots en son cœur :

— Pleust aux Dieux qu'il sentist de Cupidon l'ardeur
Pour mon respect autant que sa grâce m'affolle,
Mais dans le vent ie perds ma plainte et ma parole :
Car seulement Diane auec son traict le poind,
Et celui de l'Amour ne le trauaille point.
Pan le Dieu d'Arcadie en ces monts venerable
N'estoit autant que luy de maintien agreable :
Soit qu'il lance du bras vn iauelot en l'air,
A Phebus iustement ie le puis égaler :
Soit qu'il presse le dos d'vn Genet, et qu'il porte
L'espieu au large fer dedans sa dextre forte,
Il semble au Dieu guerrier : heureux ie dy les chiens
Que tu vas caressant : heureux aussi ie tiens
Tout ce qui est touché de ta main honorée.

Ainsi va souhaitant quelqu'vne enamourée :
Mais le trauail des bois effacé du plaisir
Engarde que l'amour ne le vienne saisir.

Quand toute la Brigade au buisson est allée,
De verd la plus grand part et de rouge voilée,
L'enceinte retentit de trompes et d'abbois,
Car chacun porte au col sa trompe par les bois
Où cent couples de crin pendillent cordelées.
On suit le cerf lancé par monts et par valées,
Par estangs, par buissons espineux et tranchans :
Le Cerf en trauersant l'ouuerture des champs
Fait voler les sablons aux voyes de sa fuite.
La meute dresse apres d'vne ardente poursuite.
Des chiens bien ameutez l'abboy fait vn grand bruit,
Mais entre les Veneurs personne ne le suit
D'vn tel cours que le Roy volant par la campagne,
Et Fontaines qui ioinct son cher maistre accompagne.

La piere qui iaillist d'une fronde en sifflant,
Les Leuriers genereux qu'on va desaccouplant
Apres vn Lieure viste, en leur course attenduë,
Ne partent si légers : Ils se perdent de veuë
Tousiours dessous le vent la Meute costoyant,
Pour leuer les defauts s'il alloit tournoyant.

Le Roy ferme à cheual, d'vne course legiere,

Ceux-ci, ceux-là deuance, et laisse loin derriere,
Et premier, comme en tout, aux abbois voit mourir
Le grand Cerf mal mené haletant de courir :
De la beste victime à Diane sacrée
Aux chiens ioyeux de sang on donne la curée.

C'est plaisir de les voir si tost qu'ils ont ouy
Sonner et forhuer : d'vn eslan resiouy
Ils sortent du chenil : On en voit trois centaines,
Gris, blancs, noirs, accourir pour manger de leurs peines.
Tout le sang est meslé dans le pain rougissant,
Pesle-mesle, affamez, ils se vont repaissant.
Chacun des veneurs tient vne souple houssine,
Et frape sur le chien qui, gourmand, se mutine :
Puis quand les retirer de la curée il faut,
Le Maistre du forhu crie Ty-ha hillaud.

La folle volupté, les délices exquises
Rendent à beaux exploits les ames mal-aprises,
Et d'assidu labeur vn royaume augmenté
En ruine dechet par lasche oysiueté :
De toute nation Rome se fit la teste
Par obstiné trauail, et rauit la conqueste
Aux Macédoniens, aux Perses, aux Medois
Portans en lieu de fer des bagues en leurs doigts.

Entre maint exercice ennemy de paresse

La chasse est vray moyen pour dresser la ieunesse.
Comme la lutte Argine et les cours Eleens,
L'escrime de Pollux, et mille ieux anciens
Inuentez par les Roys, pour mieux polir et faire
Leurs peuples et subiets, à l'œuure militaire.

Ainsi les Persiens à la chasse viuoyent
D'autant que l'art de guerre en elle ils retrouuoyent,
Comme en estant l'image et la plus vraye feinte.

Ils portoient en chassant l'espée au costé ceinte,
Vn carquois gros de traicts, deux iauelots pointus,
Et d'vn bouclier Persiq leurs bras estoyent vestus.
Le Roy comme en vn camp des siens estoit le guide,
Et là s'estudioit à la guerre homicide,
Car en ruse et labeur l'vn et l'autre est pareil.

Le Chasseur s'accoustume à rompre le sommeil
Deuant l'Aube éueillee, et patient endure
Pluye, tempeste, vents, le chaud et la froidure;
Il trauaille son corps, et l'exerce sans fin
A courir, à brosser vn long traict de chemin :
Et comme il est contraint, bien souuent il enferre
Vne beste cruelle, et s'aiguise à la guerre,
Combatant bien armé d'vn cœur aspre aux hasars
Les Lyons rugissans, et les Ours montagnars,
Egaré par les bois en telle accoutumance,

Loin de maison rustique il fait expérience
Combien doux à manger est seulement le pain
Et l'eau pour appaiser la soif cuite et la faim :
Sur la dure au serain il appuye sa teste
D'un caillou pour cheuet où le somme l'arreste.

Qui ne voit en chassant les Renards et Taissons
Cachez dans le terrier, d'vn siege les façons ?
Où les petits Bassets accompagnent la troupe
Qui de tranches de fer la terre mine et coupe ?
Donc la Chasse et la Guerre est vn pareil mestier
Quand on a fait leuer dedans vn verd sentier,
Dans vn chaume ou gueret vn Lieure de son giste,
N'en voit-on pas l'effect ? L'vn d'vne iambe viste
Tasche de s'ecouler : Le Leurier grand et fort
Le poursuit de si près qu'il luy donne la mort.
Quelquefois il s'échappe hors de la dent cruelle
Du coureur qui l'atteint d'vne roideur isnelle :
Comme aux sanglans combas le vaincu quelquefois
S'exempte par la füite et non par le harnois.

Mais les Leuriers du Roy n'ont si tost apperceuë
Leur proye, qu'à leurs piés elle gist abatuë :
On diroit à les voir que c'est vn tourbillon
Qui trauerse ondoyant de sillon en sillon :
Quand pour complaire au Prince, il ne leur plaist sur l'heure
Que le Lieure craintif pres de son giste meure,

Ils luy donnent carriere vn espace de temps.
En feinte l'on y voit l'estour des combattans !
Le Lieure bien-rusé ne court la droite voye
Pour tromper le suyuant du desir de la proye :
Il fait, deffait cent ronds, cent retours et destours,
A fin que l'ennemi ne prenne escousse au cours :
L'vn presse, l'autre fuit : Il semble qu'il le happe,
Et l'ayant, de rechef permette qu'il échappe.
Vn dard n'est si léger volant hors de la main,
Ny le plomb que vomist vn canon inhumain,
Ny d'un arc bien-tendu la sagette empennée,
Ny fonde autour du chef quatre fois ramenée.
Puis enfin ennuyé dessus le champ poudreux
Le bon Leurier abat cet animal peureux.

Cyrus, grand Roy de Perse, apprit l'art militaire
Par ces mestiers de chasse enseigné de son pere,
Apprit à supporter le trauail, et comment
« L'honneur donne aux labeurs vn doux allegement.
Cephale fut chasseur pource ami de l'Aurore
Qui le monde au matin de son teint recolore :
Celuy qui perdit l'ame en perdant son tison
Fut Chasseur, et les preux de l'antique saison
Hercule dont les mains sont par tout honorées,
Poursuiuit en chassant iusqu'aux Hyperborées
La Biche aux piés d'airain pour son dernier labeur,
Et par ce prix gaigné couronna son honneur.

Mais CHARLES mon grand Prince, empereur de la France
Imitant ce perdeur de la monstreuse engeance,
Faites ce qu'il conseille à sa Diane, alors
Qu'il reçoit en ses bras comme les vostres forts
La charge que des bois dans le Ciel elle apporte.
Laisse, dit-il (prenant sur le sueil de la porte
Le gain de son carquois), laisse les animaux
Craintifs, humbles, petits, qui ne font point de maux :
Pourchasse moy d'ardeur toutes ces bestes fieres
Qui gastent, forcenez, les plaines fromentieres,
Qui gastent le labeur des chetifs Laboureurs,
Comme les Leopards et les Loups rauisseurs,
A fin que dans le Ciel, comme moy, l'on t'appelle
Le secours immortel de la race mortelle.

Ainsi luy dit Hercule : Et vous qui l'entendez,
En contre les méchants vos fleches debandez,
A fin que le François vostre suiet vous nomme
La seureté des bons, la peur du mechant homme.

Quand la sœur d'Apollon son arc d'argent voûta,
Contre vn Orme premier son bras elle tenta :
D'vn Chesne dur aprés elle frappa l'escorce,
Vne beste sauuage aprés sentit sa force :
A la quatrieme fois elle vint és citez
Tirer sur les peruers de malice éhontez :
Comme vous demi-Dieu par les sacrez bocages

Assommez les Lyons et les bestes sauuages,
Ours velus, et Sangliers aux longs crochets de dents.
Aprés vous punissez des villes au dedans
L'iniuste citoyen, destruisant la malice,
Tenant pour vostre appuy Pieté et Iustice.
I'ay de cette louange vn insigne témoin :
O Vierge des forests, dy, tu n'en estois loin :

Vn loup gris à long poil que quelque Dieu, ie pense,
Enuoya pour vanger la punissable offense
Des mortels contempteurs de sa diuinité,
Déchiroit, deuoroit (extreme cruauté !)
Hommes, femmes, enfans, pres Sainct-Germain-en-Laye,
Et de leurs corps entiers ne faisoit qu'vne playe.
C'estoit un Loup Leurier d'execrable grandeur,
Il ne paroist Toreau de pareille hauteur
Sur les monts Auuergnas : Il assaut en furie
Les Enfans tout ainsi qu'Aigneaux de Bergerie.
Ses yeux estinceloyent en flammeches de feu,
Son goufre d'estomach n'estoit iamais repeu,
Sa gueule estoit de sang hauement alteree,
Il haloit de la langue vn demi-pié tiree :
Si furieux n'estoit le Lyon Nemeen,
Ny celuy qui gasta le champ Oeneïen.
Des le premier abord leur teste estoit coupee
Sous sa dent, tout ainsi que du fil d'vne espee,
Et le tronc de ce corps par le milieu mordu

Dans sa gueule trembloit haut de terre pendu.
Les logis bien-murez les rustiques n'asseurent,
Les Pasteurs et leurs chiens sans crainte ne demeurent
Dedans leurs parcs fermez, iusqu'à tant que le Roy
Inuoqué pour secours les deliura d'effroy :
Son œil pleurant versoit des larmes pitoyables
Quand il ouit les cris des femmes miserables,
Plaignant que ce cruel auoit desia plongé
Six vingt pauvres enfans en son ventre enragé.
« D'vn Roy clement l'ouvrage est tousiours d'entreprendre
» Acte qui peut son peuple en vn besoin defendre,
» Gaignant le nom de pere au cœur de ses suiets.
Mery fut enuoyé pour chercher aux forests,
Mery, frayeur des Loups, qu'ils craignent en la sorte
Qu'vne simple Brebis la Louue qui l'emporte.
Sa Maiesté fit tendre en long et large tour
Ses toiles qui cernoyent son enceinte à l'entour.
Cinquante pieces font le cerne de la place :
Trois mille Païsans ferment un long espace
L'assiegeant en rondeur, diuersement munis.
Les vns de gros bastons robustes sont garnis,
Les autres sont armez de fourches bien aiguës,
Les autres de leuiers : Le cry perce les nuës
Quand tous ces Païsans font la huee en l'air.
Ainsi prés d'vn marais on contemple voler
Mille oyseaux peinturez qui hautement s'écrient
Pales, Canards, Butors. Les marécages bruyent.

Ainsi quand au choquer les batailles s'en vont,
Aux deux partis du camp semblables cris se font.
Le cerne retentit : Le cry touche aux estoiles.
Tel estoit la huee à l'enuiron des toiles !

La Noblesse et la garde en bons cheuaux montez
Ceignent l'espace rond espars de tous costez.
Le Limier en iappant dessus les voyes, lance
Le Loup gris effroyable : Il sort de violence
Chassé de chiens-courans : par les forts il entroit
Et mordoit en fuyant tout ce qu'il rencontroit,
Il sautoit furieux contre la toile haute,
Encontre les veneurs qui la gardent, il saute
De furie enflammée : Vne clameur par tout
Pour l'effrayer s'esleue et va de bout en bout.
L'vn luy tend au deuant d'vn large épieu la pointe.
L'autre luy court dessus l'espée en la main iointe :
Mais le premier de tous qui luy perça le flanc,
Et du fer epuisa les sources de son sang,
Fut CHARLES courageux : lors toute l'assemblee
Témoigna de hauts cris sa ioye redoublee.
Les hommes estonnez regardoyent de bon cœur
Cette beste assommee et en auoyent horreur.
Sur le front du chasteau pour signe de conqueste
On attacha la pate et l'execrable teste
Du Loup et de la Louue et de cinq Loueteaux
Ia nez pour guerroyer les debiles troupeaux.

« Il ne faut point nourrir vne engence louuiere!
Ainsi l'heureux vainqueur d'vne troupe guerriere
Rapporte du vaincu la dépouille en trofé.
Son Palais ou le Temple en reluist estoffé.

Les Pasteurs affranchis ioyeux de la victoire,
De CHARLES admiroyent le bonheur et la gloire,
Et luy chantoyent ces vers : Carlin, Roy des Bergers,
Chasse loin de nos parcs la doute des dangers.
Il a mort abattu le Loup si dommageable,
Loup heureux d'être occis de main si redoutable,
Pour l'honneur qu'il aura de grauer dans les cieux
La royale vertu du bras victorieux,
Si Iupiter (qui hait la peste dangereuse
Des traistres Lycaons contre lui furieuse)
N'empesche de le faire en sa voûte monter.
« C'est bonheur de se voir par les Dieux surmonter !
Ainsi le roux Lyon Cleonien fut digne
D'estre pour son Hercule au Zodiaque vn signe,
Et le tortu Dragon dans le Ciel estandu
Entre les Ourses gist comme vn fleuue espandu.

Carlin est nostre Dieu, c'est l'heur de nos herbages,
Il preserue nos Bœufs de ces bestes sauuages :
C'est luy qui maintenant redonne au Pastoureau
La grace de ioüer du tendre chalumeau.
Pource nous souuenant d'vn si grand benefice

Nous teindrons son autel (annuel sacrifice)
Du sang d'vn aignelet : et monts, vaux et buissons
Resonneront tousiours de rurales chansons
Prises de ses vertus : A l'auenir nos Cheures,
De leur gré pousseront vn poil doré des leures,
Et bien-tendu de laict s'arrondira leur pis,
Puis que sans nulle peur vont paistre nos brebis.
La laine n'apprendra de mentir la teinture
Des eaux du Gobelin, mais prendra de nature
Ses diuerses couleurs : Vn pourpre vestira
Le mouton par les prez, vn saffran iaunira
La toison du Belier (teinture naturelle).

Il faut qu'apres le fer l'âge d'or renouuelle
Sous Carlin qui ne suit les forest seulement :
Mais donne par ses loix aux villes ornement,
Regarde en ses palais ceux qui font la Iustice,
Ou qui l'ont corrompue aueuglez d'auarice.

Aussi les bois feuillus ne se voyent hantez
De Diane tousiours : Elle vient és citez
Où Iupiter voulut qu'elle fust adoree,
Et par tous les endroits où elle est reueree
Oste aux accouchemens la poignante douleur.
Voyla parmi les champs ce que dit le Pasteur,

Grand Roy ie te saluë, ambrasse ta louange :

Les Dieux font de leurs biens à tel present échange :
« L'Hymne est le prix des Dieux, et qui cherist l'honneur
» Acheue de beaux faicts et ne manque de cœur.
Pour moy ie ne requier à la Parque autre grace
Sinon que de filer ma trame ne se lasse,
Iusqu'à tant qu'à mon gré d'vn style graue et haut
Ie puisse celebrer tes gestes comme il faut.
Le Tracien Orphée, enfant de Calliope,
Ny le fils d'Apollon en la neuuaine trope
Vaincre ne me pourront : Pan mesme ne vaincroit
Quand toute l'Arcadie à iuger il prendroit,
Me venant assaillir : Esleue d'vn tel Maistre
Ie puis, sinon premier, au moins égal parestre.

*Amours d'Oriane.*

## CXII

### ÉLEGIE

Ie voudrois, Oriane, estre feint amoureux,
Et n'estre point au vray vn amant malheureu :
Malheureux d'autant plus que tu ne veux pas croire
Que tes ieunes beautez ont dessus moy victoire.

Si quelques inconstans du beau voile masqué
Qu'ils empruntent d'Amour, d'Amour se sont moquez
Sacrilege comme eux pourtant ie ne desire
En trahissant Amour telle inconstance élire.
Ny me seruir d'vn nom si venerable et sainct
Qui terre, cieux, et mer dessous ses loix contraint,

Pour les Dames tromper : La vengeresse foudre
Plustost froisse mon chef et le reduise en poudre.
Ie découure en parlant la passion du cœur,
Et louant des beautez ie ne suis point moqueur.
Voyant du clair soleil la lumiere eternelle,
Mentiray-ie disant que sa lumiere est belle?
Aussi voyant sur toy tant de rais et de feux
Par qui luire et bruler mille et mille tu peux,
Ne les diray-ie point? ie sens leur estincelle
M'ardre iusques aux os d'vne flamme cruelle.

Venus qui ne t'es peu du brandon garantir
Que darde ton Enfant, ne feras-tu sentir
Pareil feu que le mien à cette dedaigneuse,
Qui nomme de ton fils la Déité trompeuse?

Ie n'aime point (dit-elle) et ne suis point brulé
Des rais estincelans de son œil estoilé :
Qu'est-ce donc que ie sens en mon ame à toute heure
Qui fait que sans mourir cent fois le iour ie meure?

Comme un balon en l'air deçà delà ietté
Est de coups violans haut et bas agité
Par les vistes ioueurs : ainsi la maladie
Me tournant, me pressant, rend ma teste élourdie.

Oriane, dy moy, comment se doit nommer

Ce chaud mal qui me fait en larmes consommer ?
Si triste nuict et iour quelque moment qui passe
Ie ne fay que penser repenser en ta grace,
T'engager mon desir, et d'vn nouuel esmoy
Si mon ame te suit et s'estrange de moy,
Si ie n'ay rien plus cher qu'engrauer ta figure,
Si mille passions me seruent de pasture,
Si sans pouuoir veiller, si sans pouuoir dormir,
Desesperé d'amour ie ne fais que gemir,
Si mes piés à regret s'en vont de ta présence
Ne traisnant qu'vne escorce en si fascheuse absence,
Si mes piés volontiers ne me veulent porter
Sinon deuant ton œil qui me peut conforter,
Que diras-tu de moy, sinon las ! que ie t'aime
Plus que l'œil ne cherist ny le iour ny soy mesme ?

Mon Dieu que ton visage en l'esprit me reuient,
Ton geste, ton parler ! qu'vn amant se souuient
Des faueurs que luy fait vne douce Maistresse !
Il me semble qu'encor ta main d'iuoire presse
La mienne, comme au soir que d'vn visage humain
Tu mis après le bal ta main dessus ma main,
La coulant doucement de si gentille sorte
Qu'encor le souuenir tout d'aise me transporte.
Donc si ie receuois vne plus grand' faveur,
Qui penseroit auoir en ce monde plus d'heur,
Fussent les puissans Roys de l'opulente Asie ?

Tu es mon diamant et ma perle choisie,
Et tu es à mes yeux du monde l'Oriant.
Trompeur ie n'escry point ta louange en riant,
Comme tu me le dis : autant que ie t'admire
Ie voudrois la pouuoir en cent papiers escrire.

Reçoy ton Amadis, pour tout iamais reçoy
Celuy qui t'aimera d'inuiolable foy :
Ne vois-tu pas l'amour de l'antique Oriane
Reluire dessus tous, autant que fait Diane
Sur les feux de la nuict? Ne vois-tu le renom
Qui suit de bouche en bouche et l'vn et l'autre nom ?
Si ton amitié douce à la mienne s'assemble,
De mesme à tout iamais nous reuiurons ensemble.

## CXIII

## CHANSON

Las! que vous estes bien-heureuses
De pouuoir l'homme surmonter,
De qui les forces valeureuses
Peuuent toute chose domter.

En don la femme de nature
Eut les graces et la beauté,
Par qui mesme la roche dure,
Le fer, le feu seroit domté.

Vos beautez sont vos belles armes,
Vos lances, vos dards, vos escus,
Par qui les plus vaillans gensdarmes
Maugré leur harnois sont vaincus.

C'est pourquoy l'homme non volage
S'assuiettist dessous vos loix,
Et ne change point de courage,
Leger comme feuille des bois.

Vn amant au Chesne ressemble,
Qui maugré les vents furieux
Ferme de racine ne tremble
Deuant l'orage impérieux.

En vn lieu constant il s'arreste,
Comme le rocher sur les flots,
Qui loin repousse la tempeste
Les vagues et le vent dispos.

Ainsi plein d'vne gentile ame
Il reiette les passions,
Qui veulent rauir de sa Dame
Son cœur et ses affections.

Quand au fond de son cœur il taille
Quelque portrait, c'est tout ainsi
Qui graueroit une medaille
Dedans quelque bronze endurci.

Leur amour qui est indomtable
Par la force ne se corrompt,
Si bien qu'il est du tout semblable
Au diamant qui ne se rompt.

Leur premiere amour ne s'écoule
Aux rais de quelque feu nouueau,
Comme la neige qui se roule
Des monts, au tiede renouueau.

Leur ardeur est toute immortelle
Comme le feu tout immortel :
Mais quand vne cause est mortelle
L'effect en est aussi mortel.

Si d'vn l'amour est inconstante
La faute n'est de son costé,
Mais bien d'vne legere amante
Ou d'vne fiere en cruauté.

Vn bastiment fait sur l'arene
S'il tombe c'est du fondement :
La matiere trop incertaine
Tousiours destruit le bastiment.

Les flots roulent de mesme sorte,
Et quand on voit leurs sillons pers
Se troubler, c'est l'haleine forte
Des vents qui les tourne à l'enuers.

Il ne se faut prendre à la pierre,
Mais à celui qui la iettant
Nous blesse ou nous renuerse à terre :
L'homme de soy n'est inconstant.

Il fait les Dieux mesme descendre
Du Ciel pour la femme honorer :
Et par ses escrits fait entendre
Qu'on vous doit seules adorer.

Quelle fust des femme la gloire
Sans l'homme qui les veut loüer,
Et de soy leur donnant victoire,
Pour maistresses les aduoüer ?

Tout ce que l'homme tâche faire
Et ce qu'il apprend tous les iours,
Ne tend seulement qu'à complaire
Aux Dames, meres des amours.

Des femmes il est la defense,
Le secours, le ieu, le aesir,
Sans luy leur debile puissance
Ne gousteroit aucun plaisir.

Doncques vous estes bien heureuses:
De pouuoir l'homme surmonter,
De qui les forces valeureuses
Peuuent toute chose domter.

## CXIV

### POUR VN TABLEAV

Ce Tableau que ie te donne
Aux Calendes de Ianus,
Te montre au vif la personne
Serue à l'enfant de Venus.

Iamais plus semblable image
Ne sera que cette ci :
Elle est palle : En mon visage
Se sied la palleur aussi.

Elle est sans cœur : à toute heure
Ie languis n'ayant mon cœur
Qui raui de sa demeure
Loge aupres de son vainqueur.

Muette elle est sans parolle :
Aussi quand le bien m'aduient
De reuoir ce qui m'affolle
La langue au palais me tient.

Vne seule différence
Moins qu'elle me rend heureux :
Ie souffre la violence
Du feu cruel amoureux.

Son insensible nature
Ne prend ce feu vehement :
S'elle en sentoit la brulure
Ce seroit peu longuement.

Soudain en cendre menue
Elle se verroit perir,
Où ma flamme continue
Brale sans pouuoir mourir !

## CXV

## A VNE GOVVERNANTE

Hé d'où nous vient cette rude geolliere
Qui tient ma Dame en chambre prisonniere
Qui d'vn souci trop superstitieux
M'oste le bien de reuoir ses beaux yeux ;
Celle vrayment est bien dure et ferree
Qui tient, captiue, vne fille serree
Loin de celuy qui luy est seruiteur.

L'amant qui peut souffrir telle douleur
Sans se venger, ne sent au fond de l'ame
Les traits ardents d'vne amoureuse flame :
C'est ce qui va ma colere irritant :
« La douleur froisse vn courage constant. »

Pour Eleusine on celebroit à Romme
Vn sacrifice inaccessible à l'homme,

Tant s'honoroit ce mystere sacré ?
Voudrois-tu point ordonner à son gré
Pareil mystere à la belle Cyprine ?
La femme seule adoroit Eleusine,
Mais homme et femme il ne faut separer
Pour de Venus les segrets adorer :
Puis de Cerés la feste non commune
Ne se faisoit que durant la nuict brune,
Où de Venus douce mere d'Amour
On fait la feste et de nuict et de iour.


Si tu pouuois dépouiller ta vieillesse
Et reuestir la fleur de ta ieunesse,
Tu ne voudrois, bonne Vieille, pour toy
Prendre l'arrest de si sauuage Loy :
Où maintenant, apres qu'à Cytheree
Tu as rendu ce qui t'auoit miree,
Ne te voyant si belle qu'autrefois
Tu veux former quelques nouuelles loix :
Et c'est, ie croy, ne trouuant plus personne
Qui pour seruir à tes rides se donne.


Tu es semblable au Dragon furieux,
Qui sans gouster le sommeil gracieux
Gardoit tousiours aux niepces d'Atlante
L'or des pommiers de leur forest luisante :

Tu es semblable à celui que Iason
Fit endormir pour auoir la toison :
Car à toute heure en tous lieux tu prens garde
Si ma Maistresse vn sien amy regarde,
Et tu ne veux, pour le temps abuser
Comme on souloit, qu'on puisse deuiser :
Et c'est pourquoy ie dy bien, ce me semble,
Que ton faux œil à ces Dragons ressemble.
L'vn defendoit les pommes de fin or,
L'autre gardoit le precieux thresor
D'vne toison cause de la Nauire
Qui de Tethys premiere veit l'Empire.


Tu vas gardant aussi d'un mesme soing
Ce qui ressemble à la forme d'un coing,
Qui est semblable à la pomme Hesperide,
Et au present que conquit l'Esonide :
Mais tout ainsi que le Tyrinthien
Et l'Esonide, en dépit du gardien
Eurent en fin par peine et patience
Sur leurs desirs comme ils vouloyent puissance
I'espere un iour maugré ton œil veillant
Iouir du bien qui me va trauaillant.


A qui te dois-ie encor faire semblable?
Il me souvient d'Argus le misérable

Portant au chef cent yeux tousiours ouuerts
Quand il gardoit Io par les déserts.

Iunon maline et ialouse Deesse.
Craignant ici que Cupidon ne blesse
Son Iupiter par quelque traict nouueau,
Te permet elle en garde ce troupeau?
Las ! ie le croy : vienne quelque Mercure
Qui pour vanger les tourmens que i'endure
Bien tost t'endorme en la mesme façon
Qu'il fit Argus par sa douce chanson.

Mais il vaut mieux à fin de te complaire
Trouuer quelqu'vn qui te le vueille faire,
O saincte Vieille, et ie pense qu'ainsi
Nos passions tu prendras à merci,
Comme l'Abbesse en fin douce et gentile,
Qui se montroit facheuse et difficile,
Deuant qu'elle eust bonne part au plaisir
Qui des Nonnains contentoit le desir,
Que si desia pour la froide nature
De tes vieux ans, l'amoureuse pointure
Ne peut flechir ton cœur de passion,
Ny amollir ta dure affection,
Puisse arriuer quelque Circe ou Medee
De l'art magiq aux ans recommandee,
Qui te remette en ta prime saison,
Comme iadis le bon vieillard Eson.

Par vers charmez, par maint ius de racine,
En inuoquant Pluton et Proserpine
On peut remplir les rides de ton front,
Et te remettre vn sang plus ieune et promt :
Lors tu prendras vne nouuelle enuie
De ne quitter les ébats de la vie.
Dy, ie te pry, ne te souuient-il point
Du vif amour qui la ieunesse époind ?
Tu n'as esté mainte fois si seuere,
S'il est certain ce qu'on m'a dict naguiere :
Mais chacun âge apporte auec son cours
Des passions diuerses en amours.
Vrayment encor doucement ie te traitte
Puis que pour mal du bien ie te souhaitte.

Or s'il n'advient qu'à fin tombent mes vœux,
Gentil Amour, qui peux comme tu veux
Transformer Dieux et hommes en cent sortes
Par mille traicts qu'en la trousse tu portes,
Fay transformer en un Chien plein d'abois
Cette vilaine à la criarde voix,
Comme se veit Hecube Phrygienne,
Qui d'aboyer fut transformee en Chienne :
Son corps se voye en cela transformé
Dont la nature elle a le mieux aimé.

## CXVI

## CHANSON

Ie ieusne et ie fay penitence
Pour mes pechez à Dieu contez
Mais la plus facheuse abstinence
C'est le ieusne de vos beautez.

Quand ie m'abstien de vostre veuë
Ce m'est incroyable tourment
Perdant la celeste repeuë
De mon plus doux contentement.

Vrayment nostre ame est infinie
Se paissant de l'infinité,
Et si est de mortelle vie
N'adorant que la déité.

Or que soyez ma nourriture
L'ame de mon ame dans moy,
Il est certain, puis que i'endure
Mille morts si ie ne vous voy.

On dit que voir de Dieu la face
Est le viure des bien-heureux,
Et celuy qui ha telle grace
N'est plus d'autre bien desireux.

Vous estes doncques ma deesse,
Mon heur, mon Paradis, mes Cieux :
Car en moy tout desir prend cesse
Quand ie regarde vos beaux yeux.

O beaux yeux, astres de mon ame,
De qui despend tout mon bonheur,
De qui ie sens la douce flame,
Flambez tousiours en ma faueur.

Que ie sois vostre Salemandre,
Que ie viue d'vn si beau feu,
Non pour l'estaindre, mais le rendre
Autant violent qu'il m'a pleu.

Et vous Diuinitez celestes,
Quand il vous plaira me punir

Et vous vanger à toutes restes,
Loin d'elle faites moy tenir.

L'horreur d'vne vengence telle
Rendra mes esprits estonnez,
Plus que la peine criminelle
Que souffrent là bas les damnez.

Au reste bien qu'au Ciel i'aspire,
Laissez moy viure iusqu'à tant
Que l'astre pour qui ie souspire
A vous s'en aille remontant.

Lors ie priseray dauantage
Vostre beau seiour estoilé,
Tandis i'aime à voir vostre image
En sa beauté qui m'a volé.

Et si par ieusnes et prieres
On obtient de vous quelque don,
Faites qu'à mes longues miseres
Soit ottroyé quelque guerdon.

## CXVII

## DE LA TRANSFORMATION DES AMANS

Av temps iadis la belle Cytheree
De son Vulcan bien fort enamouree,
Par grand desir l'embrassa tout vn iour
Et de leurs ieux enfanterent Amour,
Amour ce Dieu qui par douce puissance
Met tous les Dieux sous son obéissance,
Qui les humains dessous le ioug contraint,
Qui dans ses rets tous animaux estraint,
Qui aux metaux, aux herbes et aux plantes
Fait resentir ses pointures cuisantes.

Ce ieune enfant en beauté surpassoit
Venus sa mere et iamais ne croissoit :
Pource à l'Oracle au secours ils allerent,

Et à Themis soudain ils demanderent
Comment pourroit ce Cupidon nouueau
Croistre aussi grand qu'à voir il estoit beau.
L'Oracle dist qu'on ne le verroit croistre
Puisque tout seul il auoit pris son estre
Et qu'il falloit de Venus le pouuoir
Vn second frere à l'Amour conceuoir,
Puis aussi tost qu'il auroit prins naissance
L'autre prendroit à l'enui accroissance.

Adonc Venus fit vn frere à l'Amour,
Et l'vn croissant l'autre croist à son tour :
Car leur grandeur vient tousiours d'estre ensemble,
Et quand de l'vn l'autre se desassemble
Le nœud d'entr'-eux ne se continuant,
Tout au contraire ils vont diminuant.

Ainsi en moy vostre beauté, Maistresse,
Et vostre grace en sa fleur de ieunesse
Font vn amour, qui comme imparfaict tend
A son parfait que de vous il attend :
Vous le pourrez en moins de rien parfaire
Si luy donnez vn amour pour son frere :
Et si ie suis assez digne estimé
D'estre de vous également aimé,
Comme sans feinte à preuue ie vous aime
Plus qu'vn grand Roy n'aime son Diadéme.

Qui ne connoist l'extreme passion
De ma bouillante et chaude affection ?
Qui ne connoist les peines que i'endure,
Et qu'à mon dam tousiours vous estes dure ?


Le plus souuent sourd, muet et transi,
Tout transporté d'vn espineux souci,
Ie ne sçaurois, tant la fureur m'affole,
De ma poitrine arracher la parole :
Si bien que ceux qui en ce poinct m'ont veu
En vous blasmant ont pitié de mon feu,
Et pour garir, si ie le pouuois croire,
Vostre beau nom fuiroit de ma memoire.
Mais ie ne puis : l'an trois fois est passé
Que vos liens me tiennent enlacé,
Sans que ie puisse en liberté reuiure
Hors des filets à mon aise deliure,
Et sans pouuoir ny cauer de mes pleurs
Ny amollir le roc de vos rigueurs.


Quoy ? pensez-vous que par la seule ouye,
Ou par les yeux l'ame soit resiouye ?
Ou seulement par vn petit soubris ?
(Graces qu'on donne aux moindres fauoris)
Ou seulement quand par acquit on touche
Leure sur leure au corail de la bouche ?

A quel effect sont donnez les cinq sens,
Sinon à fin, que l'ame repaissans
Des doux plaisirs que fortune nous liure,
Puissions par eux mille plaisirs ensuiure ?
Il faut iouïr de toutes les beautez
Par tous les sens de Nature inuentez
A cet effect. L'oreille cauerneuse
Puise les sons d'vne voix mielleuse,
Et puis les fait à nostre ame gouster.
Nostre œil aussi ne faut à presenter
Le laid ou beau qui frappe sa lumiere
Pour émouuoir nostre ame imaginaire,
Et par le goust, l'odeur, et le toucher,
Tout homme doit ses passetemps chercher :
En ce faisant n'erre la creature,
Car elle suit les loix de la Nature.

Croyez, ma Dame, au Poëte Romain
Sage aux discours de tout l'Estre mondain :
— Celuy, dit-il, qui iamais ne repose
Et qui tousiours ne repense autre chose
Qu'à se changer, muer et transformer
En la beauté qu'il choisist pour aimer,
Par nul moyen d'elle ne prend la forme,
Et viuement du tout ne se transforme,
S'il ne reioint ensemble à sa moitié
Son corps meslé par boüillante amitié.

Le vray ciment de durable alliance
Est sans mentir la douce iouissance.
Premierement par secrette action
Auec le corps l'esprit fait vnion,
Et se logeant en vne autre demeure
Plus que la sienne il la trouue meilleure :
C'est quand l'esprit peu à peu se deçoit,
Et peu à peu les beautez il reçoit
Qu'en son aimee il auoit aperceuës :
Il les retient si viuement conceuës
D'vn eternel et profond souuenir
Que tout à coup il se reuient vnir
Au corps aimé, de façon si estrange
Que s'oubliant en l'aimee il se change :
Il est l'aimee et ensemble est l'amant,
Tant ha de force vn amoureux tourment.
Mais le vray but de la spirituelle
Metamorphose, est l'autre corporelle :
Lors deux esprits et deux corps alliez
Ne sont plus qu'vn iusqu'à la mort liez.
Le corps humain est l'instrument de l'ame,
Si quelque ioye ou tristesse l'entame
Elle la montre et decele au dehors
Par le moyen des organes du corps.
Comment se peut l'affection connoistre
De nostre esprit qui ne sçauroit paroistre
A l'œil mortel ? Nous ne pouuons sçauoir

Ses passions, car on ne les peut voir :
Et par le corps seulement est possible
Que puissions voir cest esprit inuisible.
Comment verront les deux Amans épris
Qu'ensemble vnis s'embrassent leurs esprits,
Si les corps ioints ne donnent témoignage
Que les esprits ont vn mesme courage ?
Regardez-moi la vigne d'vn Ormeau :
Son bras l'estraint du pié iusqu'au coupeau.
Qui connoistroit d'entr'eux la sympathie
Si ce n'estoit que la Vigne se lie
Et s'entortille, auec amoureux tour
Lasciuement se pliant à l'entour ?
L'aimant à soy le rude fer attire,
Tant auec luy se conioindre il desire :
Ainsi l'on voit qu'au monde il n'y a rien
Qui s'accordant d'vn amoureux lien
Ne vueille encor d'vnion corporelle
Manifester son amour mutuelle.

## CXVIII

### CONTRE L'HONNEVR

Ie ne me plains d'Amour, de ma Foy, ny de vous,
Ie me plains de l'Honneur qui nous aueugle tous,
De l'Honneur vieil Tyran qui commande le monde,
Faisant que dessus luy toute chose se fonde :
Et si c'est vn nom vain sans profit ny plaisir
Qui met empeschement en l'amoureux desir,
Nom qui cause auiourdhuy les querelles douteuses,
Qui seul pipe au besoin les Pucelles honteuses.

Les hommes n'auoyent-ils assez d'inuentions,
Assez d'autres frayeurs pour leurs afflictions,
Et assez d'autres maux sans luy donner naissance ?
Ah que petite chose aux Amans fait nuisance !
Les hommes contre eux mesme ont ainsi machiné

Cet incurable mal qui les a ruiné :
Qu'ils ont bien déchiree et noblement trahie
La Nature innocente indigne d'estre haïe,
Faisant naistre ce monstre ennemi des bienfaicts
Que cette bonne mere aux humains auoit faicts :
C'est luy qui tourne en fiel le miel de toute ioye,
L'vsage corrompant de tout ce qu'elle enuoye :
C'est luy qui nous contraint au labeur importun
Qui fatigue nos cœurs d'vn exemple commun,
Ramenant deuant nous les fourmis et abeilles.
On raconte de luy mille estranges merueilles,
Mais quiconque les croit n'a pas le ceruean bon,
Et se donne la faim du pauvre Erisicthon.

Las! que ie porte enuie aux animaux plus rudes
Qui ne tombent au ioug de telles seruitudes,
Et ne prestent l'oreille aux fables de noms vains,
Comme sont les ceruaux des fragiles humains.
La louange d'Honneur leur est si coutumiere
Qu'ils luy font maintenant Nature chambriere :
O trop mechantes loix pleines d'iniquité,
Par qui toute douceur perd le goust de bonté
Puis qu'elles font cueillir des chardons infertiles
Où Nature a semé de bons épics vtiles.
Mais qu'est-ce que l'Honneur ? ce qui nous fait priser :
C'est plustost ce qui sert à nous martyriser.
L'Honneur est seulement vne folle hérésie :

L'Amour est la vertu que Nature a choisie :
En suiuant la Nature on ne peut s'égarer,
Et pource auec Amour on ne sçauroit errer.
La Nature est pour nous qui d'aimer nous commande,
Et l'Androgyne aussi sa moitié redemande :
De là vient que ie brule et si ne sçay comment
Exprimer mon ennuy tant il est vehement.
Ie sçay bien toutefois qu'indomté ie desire
De languir sans limite en si plaisant martyre.
Ce n'est pas d'auiourd'huy que m'oyez lamenter
Encontre luy qui vient nos souhaits arrester,
Car vne tour d'airain nos approches n'engarde,
Ny distance de lieux nostre bien ne retarde :
C'est l'ombre fantastiq du fantosme d'Honneur
Qui comme épouuantail aux ignorants fait peur :
Ainsi que les enfans ont crainte de tenebres
S'imaginant d'y voir quelques esprits funebres.
Ce nom d'Honneur infecte, enuenime et destruit
Les banquets amoureux, et des Graces le fruict.
Sans relâche il tourmente, il poind, il blesse, il pique :
Et qui le considere auec bonne pratique
Connoist que ce don rare et si fort aueuglant
Est des choses qui n'ont que d'estre le semblant
Toutefois ne sont point. Il ne se voit personne
Qui sçachant tel mystere à luy ne s'abandonne,
Sans penser qu'il permet la domination
Des Sens iuges certains à vne fiction,

A Songes fabuleux, à Feintes, à Fumees,
Qui de solide corps ne sont point enfermees.

Ce fantosme importun nous presse les talons,
Il nous empoigne au flanc par tout où nous allons,
Il couche dans nos licts, et, sorcier redoutable,
A disner, à souper, s'assied à nostre table :
Il marche sur nos piés sans iamais estre las,
Et semble qu'à toute heure il deuance nos pas,
Forçant le franc arbitre imposé de Nature.
Ce traistre nous rauist toute bonne auanture,
Et nous tient comme on voit vn Cheual bien souuent
Qui a le mors en bouche, et l'auoine deuant.

Or quant à moy ie dy ce qui gist en paroles
N'estre que pour tromper les viuantes Idoles.
Quiconque estime tant ce faux honneur mondain
Me le face vn petit toucher auec la main :
S'il ne se peut toucher, au moins auec la veuë
Son essence me soit dauantage connuë.
Certe il est inuisible, intouchable, et s'il poind :
Vne fieure ou la goute aussi n'apparoist point,
Toutefois nous destruit : I'ose en verité dire
Que la peste d'Honneur est cent mille fois pire
Que n'est la Ialousie ou tout autre malheur.

Vous conduisez vos pas sur sa trace d'erreur

En la mesme façon qu'vn aueugle se laisse
Conduire par son chien qui ses voyes adresse :
Car il ne le voit point et s'il chemine aprés.

Il se peut raconter mille argumens exprés
Qui montrent ce Tyran estre vostre adversaire,
Mais leur infinité me contraint de me taire.
Cependant ie suppli les Dames de s'armer
Contre ce faux serpent qui leur défend d'aimer,
Dragon qui sous leur sein demeure en sentinelle.

Et vous la plus puissante au secours que i'appelle,
Armez-vous la première : ha ! dessillez vos yeux
Pour connoistre comment on vous seme en tous lieus
Des haliers espineux et cuisantes orties
Pres les ieunes boutons des roses bien fleuries.
Ie vous pry desormais ne mettez en auant
Ce nom faict à plaisir qui est moins que le vent,
Et ne m'alléguez plus : « Ie haïrois ma vie
La voyant de reproche ou de honte suiuie ! »
Ce sont propos d'enfans remplis de vanité,
En preuue asseurément se voit la verité.

## CXIX

### BAIZER

Ma folastre, ma rebelle,
Mon desir, ma pastourelle,
Ie baizerois mille coups
Ton front, tes yeux, et ta bouche :
Mais quand ma langue les touche
Mes deux yeux en sont ialoux.

Quand ie te baise et rebaise.
Et ma léure est à son aise
Pressant la tienne ardemment,
Quand le pourpre de ta iouë
Fait qu'à baisoter ie iouë,
Mes yeux en ont le tourment.

Quand, baisant, tes yeux ie presse,
O ma douce enchanteresse,
Mon ame, mon cœur, mon œil,
Mon plaisir, ma mort, ma vie,
Mes yeux pleins de ialousie
Sont en incroyable dueil.

Ils sont voilés d'vne nuë,
Car ils ont perdu la veuë
De tes yeux verds frétillars,
De ta iouë si douillette,
De ta léure vermeillette,
Et de tes ris babillars,

De tes ris mollets qui chassent
Les ennuis qui me pourchassent,
Mes esprits rasserenant :
De tes ris douillets qui tirent
Mon ame à soy qu'ils martyrent,
En tes lacs la retenant.

Deuant toy mes soucis meurent,
Mes souspirs esteins demeurent
Deuant tes ris gracieux
Comme sous la souefue haleine
Des Zephyrs se rassereine
L'azur émaillé des cieux.

Comme le soleil dechasse
Devant les rais de sa face
Vne poisseuse espaisseur,
Quand par le paisible vuide
Ses cheuaux perlez il guide,
Luisant de blonde lueur.

Ainsi petite mignarde
Quand ton œil ses rayons darde
Benignement dessus moy,
Tout mon cerueau il essuye
De ceste amoureuse pluye
Que ie verse absent de toy.

Las ! c'est vne estrange guerre
Quand ma léure à toy se serre,
Mes yeux ne peuuent durer.
Comment donc à ton seruice
Qu'vn Dieu mesme s'esiouisse
Pourrois-ie bien endurer ?

Quand mes yeux, mignardelette,
Quand mes yeux, friandelette,
Sont ialousement faschez,
S'il aduient que i'entretienne
Ma léure contre la tienne,
L'vn dessus l'autre panchez.

## CXX

### D'VNE FONTAINE

*Pour Marguerite d'Aquauiue* (1)

Qviconqve sois, Amant, que mesme Dieu vainqueur
Tient comme moy vaincu d'vne estrange rigueur,
Preste l'oreille au son de ma langue plaintiue,
Et entens comme vn feu m'attise en l'onde viue.
J'errois parmi les monts, les fleuues et les champs,
Ie portois l'arc vouté : de cris longs et trenchans
Les forests resonnoyent sous ma voix chasseresse,

---

(1) C'était mademoiselle d'Atrie, qui fut depuis comtesse de Chasteauvillain. Charles IX en était épris. C'est lui qui parle dans cette pièce. — Ronsard a écrit sur le même sujet les vers d'Eurymedon et de Callirée qui se trouvent dans ses Amours. T. I, p 250 et suiv., de l'éd. donnée par Prosper Blanchemain. (Paris, Jannet, 1856, in-16.) Voy. aussi p 86, ci-dessus.

Et d'œles en courant s'emplumoit ma vitesse :
Dans les manoirs fueilleux toutes les Deitez :
Faunes, Satyres, Pans entournoyent mes costez :
Et Diane iamais, qui les siens fauorise,
N'aima tant Orion dont elle fut éprise,
Qu'elle me cherissoit : Ie brandissois les dards,
Et reuerois le Dieu commandeur des soudars,
Bref, i'vsois ma ieunesse en tout braue exercice,
Ennemi de paresse et de honte et de vice,
Y mettant mon estude auec telle vigueur
Que pour l'affection moindre estoit mon labeur.

Tandis d'ardant courroux Venus fut attisee
Voyant qu'entre les Dieux ie l'auois méprisee,
Et pour vanger ce tort vint à la chasse vn iour :
Son espaule sonnoit sous le carquois d'Amour
Rempli des meilleurs traits qu'il se met en réserue,
Pour faire d'vn grand Dieu la raison toute serue.
A fin de me tromper elle emprunta la voix
De celle à qui par tout obéissent les bois,
Et me vint rencontrer tout lassé de la Chasse,
Et conduisit mes pas en vn plaisant espace,
Espace bigarré de l'émail du Printemps
Où Flore et les Zéphirs hebergeoyent en tout temps :
Les prez y rousoyoyent de mainte goute clere :
Là s'habilloit de bleu l'Eclaire arondeliere,
L'Adiante non moite, et le Gramen noüeux

Et le trefle y croissoient par les pastis herbeux.

Vne source y estoit d'eau viuement coulante
Iusqu'au fond sans limon comme argent sautelante
D'odorantes couleurs ses bords estoient garnis,
Là sentoit bon la fleur du ceau sang d'Adonis :
Là rougissoit la fleur du sang d'Aiax éclose :
Là commandoit le Lys, là boutonnoit la Rose,
Là son pourpre odorant la Violette auoit,
Et celle qui se tourne au soleil s'y trouuoit.

Sur toutes se haussoit la ronde Marguerite
Dont le blanc incarnat mieux qu'autre fleur merite
A paroistre premiere en la prime saison,
Fleur qui m'a dérobé mes sens et ma raison,
Fleur qui guarist la playe estant prise en breuuage
Mais changeant sa vertu me naure dauantage.
Le rameau du Lierre en ceinture grimpé
Y tient le Myrte verd de nœuds envelopé,
Et la Vigne ioyeuse ambrasse de main torte
Le haut Orme branchu qui rien qu'ombre n'apporte

Au fond de la fontaine en lieu de blond grauois
Luisoit le Diamant qui honore les doigs :
Le Saphyr azuré, l'Hyacinthe, et encore
La pierre qui de verd sa robe recolore :
Agates et rubis, riches d'vn lustre beau

Et non pas les sablons iaillissoyent du ruisseau :
Dessus tout m'y plaisoit mainte perle pesante, (1)
Ronde, claire, polie, à mes yeux reluisante,
Qui ne cedoit en pris aux perles que l'enclos
De la mer rougissante enfante dans ses flots.
Perle fille du Ciel, fille de la rousee,
Plus qu'autre ta beauté par moy sera prisee.

Les Feres ne troubloyent ce ruisseau voyager,
Ny les troupeaux béllans, ny l'oyseau passager,
Ny l'homme qui conduit ses pas à l'auanture.
Sans plus les Déitez hantoyent cette verdure.
Callirée y estoit pour me faire mourir,
Faisant la Marguerite outre saison fleurir.
Si tost que ie la vey flamboyante de grâce
Et de rares beautez, vne frayeur embrasse
Tous mes sens esperdus, et ie n'eu le pouuoir
Tant ie fus estonné, presque de les r'auoir.

Venus adonc qui veit l'heure bien opportune
Banda son arc plié comme vn croissant de Lune,
Me trauersa le cœur du trait le plus pointu
Et le moins incertain à montrer sa vertu :
Contre les Immortels luy sert telle sagette

---

(1) Allusion au nom de Marguerite qui signifiait aussi *perle*.

Que l'arc obéissant de sa corde ne iette
Qu'il ne rende soudain les blessez amoureux.
Apresqu'elle m'eut fait, d'vn beau coup, langoureux,
D'vn vol s'euanouit en l'aerine plaine,
Comme se perd au vent vne fumeuse haleine,
Et s'enuola dans Cypre aise de mon tourment.
Cependant ie senti vn mal plus vehement,
Et logea dans mes os vn feu qui n'est pas moindre
Que l'Etnean fourneau qui ne cesse de geindre :
Vn grand ruisseau de flamme en mes veines boüilloit
Qui plus estoit contraint et plus me trauailloit.

Comme un peu de flameche vn chaume sec allume,
De petit vn grand feu s'élargissant consume
Ondeux comme vn torrent, tout le chaume leger :
Il craquette en l'ardeur qui le vient saccager.
Ainsin en vn moment la flamme commencee
M'embrasa tout le corps, le cœur et la pensee.

Pour esteindre le feu qui m'alloit deuorant
Tout plat ie m'accoudé sur le bord murmurant,
Et du creux de la main puisé l'onde azuree
Pensant que ma chaleur en seroit moderee,
Pour le moins si du tout elle ne s'esteignoit.
Hélas! mais comme en l'eau ma bouche se baignoit
Elle aualoit encor dauantage la flame,
Qui, soufreuse, asprissoit la fieure de mon âme :

Plus ie humois de l'onde et plus ie me perdois :
Non autrement que soufre en mes veines i'ardois,
Soufre, lequel enduit sur les torches de cire
La lumiere prochaine incontinent attire.
Qui est pensé trouuer vn feu si vehement
En l'eau qui est contraire à ce chaud element ?
Lors ie pensois en moy : Cette argentine course
Est-elle point semblable à l'Africaine source
D'Ammon, qui à mi-iour gelle par sa froideur,
Puis à l'aube et au vespre est bouillante d'ardeur ?
Possible en autre temps elle sera gelee
Et me refroidira comme elle m'a brulee.
Mais en vain i'attendois remede au mal d'aimer :
Car soit que le Soleil se plongeast en la mer,
Soit qu'il frapast le chef des Indiques montagnes,
Soit qu'égal il partist le iour par les campagnes,
L'eau viue me sembloit et de braise et de feu,
Et ma soif s'augmentoit tant plus i'en avois beu.
Ainsi le beau Narcisse amoureux de soymesme
Pour estancher sa soif en sentit vne extréme,
Vne soif amoureuse, et seulement la mort
Luy fit perdre la soif et l'ame sur le bord.

Abusé que i'estois ie tâché de comprendre
La cause de mon mal ! Qui pourroit se defendre
Des embuches d'Amour ? Par les veines de l'eau
Il auoit respandu son souphre et son flambeau,

Sa fureur, son desir, son plaisir, sa tristesse,
Et tout ce qui guarist vn Amant ou le blesse :
Si bien que dés le temps que l'eau viue ie vy
Autre bien, autre obiet, autre œil ne m'a rauy,
Et ne me puis lasser de contempler sa face,
Ny de la Nymphe aussi Deesse de la place,
Qui surmonte ses sœurs d'vn maintien releué,
Tel que l'Arbre à Cybele en vn mont eleué.
Hippolyte guidant l'escadron effroyable
D'Amazones, portoit vne taille semblable,
Quand Hommace guerriere elle alloit rauageant
Les nations de l'Ourse, où Boré va logeant,
Ou quand du feu de gloire asprement allumee
Terrassoit à ses piés vne Getique armee.

Dans le cristal de l'onde elle luist à trauers,
Comme on voit entre-luire ou les blancs Lys couuers
D'vn verre transparant, ou les images faites
D'iuoire bien poly, diuinement portraites :
Bref, tant d'aise me poind que ne me puis saouler
De voir ce qui mon cœur ne cesse d'affoler :
Ny le soing de Cerés, ny le souci de prendre
Le repos de la nuict en ma paupiere tendre,
Ny autre passetemps ne m'en peut retirer :
Mon soucy, mon plaisir est de me remirer
En l'eau viue tousiours d'vn lieu si delectable,
Et regarder son cours d'vn œil insatiable.

Ce qu'on escrit d'Hylas par les Nymphes tiré,
Qui eurent de son teint le cœur enamouré,
Est qu'il sentit d'amour la peste boüillonnante
Aupres d'vne fontaine : où la beauté luisante
Des Naïades du lieu tellement le rauit,
Qu'attaché par les yeux depuis il ne suiuit
Hercule le domteur des Monstres de la terre :
Et n'eut soing ny d'Argon, ny de courir conquerre
La toison Phryxeenne, estant comme ie suis,
Si captif, qu'il ne peut s'en retirer depuis.
O source d'onde viue, ô gloire des fontaines,
Source de mes plaisirs, et source de mes peines,
Source de mes pensers, source de mes douleurs,
D'où ie puise mon heur ensemble mes malheurs.
L'onde qui se dérobe és veines de la terre,
Qui par chemins cachez les riuieres desserre,
Comparable à ce sang qui nos membres soutient,
Coulant et recoulant à la source reuient
D'où premier elle vint, et puis de là retourne
Encore en l'Ocean de tous fleuues la bourne,
Pour recourir apres en circulaires tours
Sans repos à l'endroit où commence son cours.

Ainsi tous mes Pensers de cette eau viue naissent
Et l'écoulant en moy d'vn long ordre ne cessent
De recouler apres à leur commencement,

Pour retourner encore en mon entendement.
De mesme les vapeurs qui de terre s'eleuent
Jusqu'au milieu de l'air, incontinent se creuent
En gresle et en pluye, et d'en haut s'écoulant
Pour apres remonter : ce Penser qui domine,
**Ainsy de moy à vous, de voùs à moy chemine.**

## CXXI

## CHANSON

Ie ne me plains de la foible puissance
Que ma raison a eu pour sa defense :
Mais ie me plains du vol de mon Penser
Qui veut si haut ses œles auancer.

Ie ne me plains de ma Ieunesse promte,
Ny du combat de l'Archer qui me domte :
Mais ie me plains que ie ne suis égal
A sa grandeur, cause de tout mon mal.

Ie ne me plains que mon œil à toute heure
Noyé de pleurs, gemist, lamente, et pleure :
Mais ie me plains de ma langue qui veut
Celer mon mal, et mon œil ne le peut.

Ie ne me plains que mon cœur ha la playe,
Et d'vn bien feint qu'il sent la douleur vraye :

Mais ie me plains que son mal luy plaist tant
Que ce seul mal le peut rendre contant.

Ie ne me plains que mon cœur las de viure
Me veut laisser comme traistre, et la suiure :
Mais ie me plains que mon cœur estant sien
Ie ne diray que son cœur sera mien.

Ie ne me plains d'vne si douce flame
Que ses beaux yeux attisent en mon ame :
Mais ie me plains que mon mal est venu
De ses regards sans qu'il leur soit connu.

Ie ne me plains qu'il faut que ie souspire
Et nuict et iour en si cruel martyre :
Mais ie me plains qu'Echo seule me plaint,
Et de pitié comme moy se complaint.

Ie ne me plains que sa beauté si grande
Me tient captif et qu'elle me commande :
Mais ie me plains, venant à l'approcher,
Qu'elle est Meduse et ie suis un rocher.

Ie ne me plains que ma playe est mortelle,
Et qu'en l'aimant ie meurs pour l'amour d'elle :
Mais ie me plains qu'elle ne sçaura pas
Que son amour me cause le trespas.

## CXXII

## CHANSON

Or' que le plaisant Auril
      Tout fertil
Donne aux Plaines la verdure,
Et Iupiter à son tour
      Fait l'amour,
Ie veux imiter nature.

Voicy les iours de Venus
      Reuenus
Où fait l'amour toute plante :
La terre grosse produit
      Vn beau fruict :
Ores toute chose enfante.

Tout rit : iusqu'au fond du cœur
    Vient l'ardeur
Qu'en ce mois Venus elance.
L'vniuers de bout en bout
    Sent par tout
Sa chatouilleuse puissance.

Mille especes d'animaux
    Inégaux
Sur les campagnes bondissent,
Et de Cupidon poussez
    Insensez
De leurs femelles ioüissent.

Voyant le flambeau d'aimer
    Enflamer
Les cieux, la mer, et la terre,
Dois-ie mettre à nonchaloir
    Le vouloir
Du Dieu qui me fait la guerre ?

Bien que iamais ta beauté
    N'a esté
Moins de mon cœur esprouuee,
Si est-ce qu'à ce doux temps
    Ie la sens
Plus en mon ame engrauee.

Mon feu croist en ce beau mois,
Toutefois
Quand l'Hyuer nous viendra poindre
De violente froideur,
Ma chaleur
Ne se pourra faire moindre.

L'âge du Printemps defaut
Par le chaud,
Et l'Hiuer chasse l'Autonne ;
Mais i'ay en toute saison
La prison
Où ta beauté m'enuironne.

Pour vn autre feu nouueau
Le flambeau
Qui m'échauffe la poitrine
Ne peut s'estaindre iamais :
Ie me pais
D'vne flamme trop diuine.

L'animal au feu naissant
Et croissant,
Tout soudain cesse de viure
S'il s'eloigne tant soit peu
De son feu :
Ainsi ie meurs sans te suiure.

En ce feu ie me nourris,
C'est mon ris :
Ma brulure c'est mon aise :
Mon plaisir, mon aliment,
Seulement
Ie respire en telle braise.

## CXXIII

### CHANSON

La blanche Violette
En ce doux mois fleurist,
Mainte fleur nouuelette
De toutes pars blanchist.
Mais des printanières couleurs
  Mon Immortelle
Est la plus gentille et plus belle,
  La fleur des fleurs.

O belle fleur, cause de mes douleurs,
  Mon Immortelle,
De ta beauté la fleur nouuelle
  Fais que ie meurs!

Maintenant la prairie
Au soleil se fiant,
Apparoist embellie
D'vn émail variant :
Mais en vain, si le vermeil teint
Du beau visage
Qui eleue au Ciel mon courage
Les fleurs esteint.
O belle fleur, etc.

Pour tistre vne couronne
A son chef vertueux,
Où l'Amour m'emprisonne
Au ret de ses cheueux,
Ie veux les thresors butiner,
Qu'espand la terre,
Qui ialoux se feront la guerre
Pour s'y donner.
O belle fleur, etc.

Le blanc Lys et la Rose
Voudront auoir l'honneur
Que leur moisson repose
Sur ce chef de bonheur :
Au dessus d'elle on pourra voir
Comme vne nuë
Qui verse vne pluye menuë,

Ces biens pleuuoir.
O belle fleur, etc.

 Toute fleur amoureuse
 Voudra s'en approcher,
 S'estimant bien-heureuse
 Telle Nymphe toucher,
Qui comme Aurore ha tousiours plein
  De cent fleurettes,
Où les amours font leurs cachettes,
  Son riche sein.
O belle fleur, etc.

 En elle prenant vie
 On les verra fleurir,
 Et si Flore d'enuie
 Les contraint y perir,
Ainsi que moy languir leur plaist
  Pour telle face,
Qui le beau du Printemps efface
  Tant belle elle est.
O belle fleur, etc.

 Le doux Printemps ne dure
 Sinon trois petits mois,
 Et l'estrange froidure
 Le perd souuentefois :

Mais iamais ne sera defaict
 Par le Boree
L'Auril de ma Nymphe admiree
 Tant est parfaict.
O belle fleur, etc.


 Il faut que ie confesse,
 Faisant comparaison,
 Que ma belle Deesse
 Vainq d'Auril la saison,
Bien qu'il aye le Rossignol
 Qui son aimee
Courtise dessous la ramee
 D'amour tout fol.
O belle fleur, etc.


 Ce gay chantre rustique
 Qui dans vn verd buisson
 D'vne douce Musique
 Decoupe sa chanson,
S'il oyoit Madame chanter
 Voudroit apprendre
Au tuyau de sa gorge tendre
 A l'imiter.'
O belle fleur, etc.


 Donc le Printemps s'en aille

Au loin quand il voudra,
Le beau qui me trauaille
Iamais ne defaudra :
Ie voy le gracieux Printems
En sa presence,
Lorsque i'endure son absence
L'hyuer ie sens,
O belle fleur, etc.

## CXXIV

### CHANSON

Le beau visage de ma Dame
D'vne si blanche neige est teint,
Et d'vne si vermeille flame
Qui tousiours flambe et ne s'esteint,
Qu'Amour de ses beautez épris
Doute qui emporte le prix,
Et luy qui de tous est vainqueur
Vaincu se connoist en son cœur.

La flame douce et amoureuse
Esparse en son teint gracieux,
Est dessus la branche espineuse
Vne Rose éclatante aux yeux,

Qui découure le paradis
De ses boutons espanoüis,
Quand le Soleil haussant le iour
Laisse d'Orient le seiour.

Et sa blancheur estincelante
Apparoist telle que de nuict,
La Lune sur l'eau non mouuante
De ses rais tremblotans reluit,
Scintillant à menus rayons
Lors que plus serain nous voyons
Le temps et le Ciel esclairci,
Chassant le nuage obscurci.

Ainsi la Beauté est si belle
A qui ie me trouue soumis,
Que ie ne la croy naturelle
Tant les Dieux luy furent amis :
Et le reste qui précieux
S'estime en la terre et aux cieux,
Ie pense sans estre deceu
Que ce n'est rien, ou c'est bien peu.

## CXXV

## CHANSON

Voici le iour commençant le Caresme,
Fiere à qui plaist la tyrannie extresme,
    Allez au temple pour sçauoir
    Combien foible est nostre pouuoir.

Pour abaisser la mondaine arrogance
On dit à tous : Ore ayez souuenance
    Que de cendre vous estes faicts,
    Et qu'en cendre serez defaicts.

Si n'y croyez, vous le pouuez apprendre
De moy reduit par vos beautez en cendre,
    Tant l'amoureux feu s'allumant
    M'a saisi pour son aliment.

Puis que la fin est si vile et si basse,
A quoy vous sert tant d'orgueil et d'audace?
    Que sert de vous fier en vain
    A beauté qui coule soudain?

Beauté du corps n'est qu'vne ombre legere,
C'est de l'Auril vne fleur passagere,
    Qui sur les arbres s'éleuant
    Tombe à l'assaut du premier vent.

Aime celuy qui t'aime, honore et prise :
C'est la grandeur d'vne ame bien apprise
    De mettre en mesme égalité
    La douceur, grandeur, et beauté.

Ainsi se fait le grand Soleil parestre
D'autant petit, que plus on le voit estre
    Hautement leué dans les cieux
    Pour éclairer en ces bas lieux.

## CXXVI

## CHANSON

Ie veux mourir, le malheur m'y conuie :
Il est besoing qu'en mon esprit i'inuente
Quelque moyen pour faire plus contente
La Dame ingrate à qui desplaist ma vie.

O belle ingrate, il me faut satisfaire
A ton dedain qui me fait iniustice,
Et toutefois allant au precipice
Du regne obscur, moins de trauail i'espere.

I'espère auoir là-bas moins de souffrance :
Car à la fin ta beauté sans égale
Viendra toucher à la butte fatale
Pour y sentir du feu la violance.

Là conuiendra que ton esprit descende
En la prison horrible et tenebreuse
Pour éprouuer la flamme dangereuse
Qui m'ard le cœur sans que rien me defende.

Tu ne pourras euiter cette braise
Changeant de place, et lors toute suiette
N'auras à ieu par subtile defaite
Ce beau tourment qui me change en fournaise.

Lors bien-heureux, ô douceur amoureuse!
I'adouciray le tourment de ma peine,
Le temperant de la douleur certaine
Que souffrira ton ame dedaigneuse.

Double sera le rigoureux martyre,
Double le mal et l'angoisse plus forte
Qui te viendra de ma dépouille morte,
Dont maintenant tu ne te fais que rire.

L'vn pour autant que tu donnes, Cruelle,
La mort, hélas! à celuy-là qui t'aime
Plus ardemment que ses yeux, ny soymesme,
Tout attrempé d'vne amour eternelle.

L'autre pourtant que tu seras sans cesse
Auec celuy qui deplaist à cette heure,

Tant qu'il conuient pour te plaire qu'il meure
A fin qu'il vainque en mourant ta rudesse.

O que mon feu, mes tourmens, et ma plainte
Me seront doux! que mon mal sera maindre
Quand ie verray celle qui me fait plaindre
Estre en ces lieux, où ie seray, contrainte!

## CXXVII

### CHANSON

L oin de ta lumiere,
Themis mon amour,
Viure ie n'espere
Ny voir vn beau iour :
Les plaintes funebres,
Les noires tenebres
Seront ma clairté.
Bien ie me puis dire
Enfer de martyre
Loin de ta beauté.

La terre amoureuse
Sa grace destruit
Quand la flamme heureuse
De l'Esté s'enfuit :

Ainsi ton absence
M'oste l'esperance
De felicité.
Bien ie, etc.

Ces hautes pensees
Qui viuoyent en moy
Seront effacees,
Ainsi que ie voy
Les fleurs et les herbes
N'estre plus superbes
Par l'obscurité.
Bien ie, etc.

Mon eclipse brune
Sent l'effect pareil
Que souffre la Lune
Perdant le Soleil :
Car de l'opposite
Qui mes yeux limite
Ton iour m'est osté.
Bien ie, etc.

Aux antres où i'erre
Je dy mes secrets,
Tant qu'il n'y a pierre.
Si dure aux regrets

Qui mon dueil ne plaigne,
Et pour moy ne daigne
Rompre sa durté.
Bien ie, etc.

Mes larmes qui moüillent
L'herbe en mon chemin,
Tristement la soüillent
D'vn amer venin :
Le troupeau champestre
Qui s'en vient repaistre
De mort est domté.
Bien, ie, etc.

Les plus tristes plaintes
De tous les amans
Sont parolles feintes
Pres de mes tourmens,
Et rien ne sustente
Mon ame mourante
Que ton nom chanté,
Dont ie me puis dire
Enfer de martyre
Loin de ta beauté.

## CXXVIII

### DE LA RIGVEVR

Ce n'est assez d'auoir la taille belle,
Et ressembler à Venus l'immortelle,
Comme elle vint sur le mont Ideen
Pour estonner le pasteur Phrygien,
Et conquerir cette pomme doree
Qui se deuoit à la plus honoree.
Ce n'est assez d'enflammer à l'entour
Le Ciel ioyeux des rais de vostre iour :
Ce n'est assez de ietter mille flames
Et mille traits pour saccager nos ames :
Ce n'est assez, Deesse, de sçauoir
Qu'on est heureux alors qu'on vous peut voir.

Toute beauté qui fierement dedagne
L'humanité pour fidelle compagne,

Reste inutile et demeure sans prix :
Par la douceur s'animent les esprits,
Aucune fleur ne se trouue agreable,
Bien qu'elle soit de couleur delectable,
Si de sa force elle n'enuoye au cœur
En respirant vne douce senteur.
Aussi iamais vne Dame arrogante
Fille d'orgueil, ne se monstre plaisante,
Bien que toute autre elle excede en beauté
S'elle n'y ioint l'humaine priuauté.


Lucrece dit que la liqueur mielleuse,
Comme le laict, est tousiours doucereuse
Pour auoir pris d'Atomes ronds et doux
Son Estre tel que nous sentons aux gousts :
Et que l'Absinthe ha contraire nature
Rempli de forte et d'amere pointure,
Pour estre fait d'atomes plus crochus
Qui de leurs haims reuéches et fourchus
Tranchent nos sens, et d'une rude entree
Vont efforçant la chose rencontree.
Pareil reproche est conuenable aussi
Pour la beauté reuéche à la merci :
C'est que le Ciel d'atomes l'a forgée
Tels que sont ceux dont se forge une espee,
Atomes durs, aspres, hameçonnez,

Qui pour tuer ont esté façonnez.

Autant qu'on voit la rigueur d'vne scie
Qui d'vn bruit aspre à nos oreilles crie,
Estre inegale aux accords et doux sons
Flatans nos cœurs d'agreables chansons :
Autant se voit vne parole douce
Qui touche aux sens, qui les flate et les pousse,
Estre excellente, et du tout surpasser
Celle qui vient nostre oreille offenser.
Donc rien de beau, n'est point beau, ce me semble
Si la douceur à beauté ne s'assemble.

Le doux Printemps est beau pour les soupirs
Que doucement engendrent les Zephyrs :
Et tousiours belle on nomme la iournee
Où des grands vents la troupe mutinée
Ne souffle point, et la terre ne sent
L'eau qui de l'air sur elle redescend :
Le marbre est beau pour sa superficie
Douce au toucher, reluisante et polie :
La soye est belle et se fait rechercher
Pour estre prime et douillete à toucher :
Donc toute Dame à l'amitié rebelle
N'a merité louange d'estre belle.

## CXXIX

## LE SONGE D'VN PESCHEVR

*A Monsieur de Souuré* (1)

Le bon Demon qui au sommeil preside,
Par deux portaux hors de sa grotte humide
Fait ici bas tous les Songes sortir
Que faux ou vrais il nous veut départir.
L'vn tout de corne est la secrette voye
D'où ce Dieu lent les vrais Songes envoye.
L'autre reluist d'iuoire blanchissant
D'où le faux Songe en nos cœurs va glissant.
Ores ie veux te remettre en memoire
Vn Songe faulx de la porte d'iuoire,

---

(1) Maître de la garde-robe du Roi.

Tel que souuent Morphée en fait auoir
Aux sens trompez d'imaginé vouloir.

La Pauureté, soucieuse, reueille
L'homme au trauail, et sage le conseille
De ne donner aux membres ny aux os,
Ny à l'esprit vn moment de repos.
Elle a trouué les arts et la science :
Elle est tousiours pleine de diligence :
Car le souci ne laisse sommeiller,
Mais importun nous presse de veiller :
Et tant soit peu si le dormir assomme
Dessus ses yeux les paupieres de l'homme,
Incontinent ce soing qui le poursuit
Le vient troubler : puis le Somme s'enfuit.

Deux bons Vieillards qui sur l'eau poissonneuse
Cherchoyent leur vie en peine souffreteuse,
Lors que Phebus ses rais alla cacher,
Firent des licts (afin de se coucher)
Auec des ioncs et tentes de feuillage,
Dessus le bord du murmurant riuage.
Ils reposoyent sur les feuillars sechez :
Tous leurs labeurs pres d'eux estoyent couchez,
Tous les outils de leur mestier humide,
Tout ce qui sert dessus l'onde liquide :
Cannes, paniers, lignes, nasses, filets,

Prisons d'ozier, et labyrints de rets,
Tramail quarré, plomb pesant, rouges tuiles,
Cordes, liege, à ce trauail vtiles :
Bref, mille engins, couuertures et peaux,
Mantes, bonnets, vestements et chappeaux.

De ces Pescheurs tel estoit l'equipage,
Et tel en tout leur plus riche heritage :
Entre eux logeoit la pauureté sans plus,
Ils n'auoyent rien qui leur fust superflus :
Et leur voisin c'est la mer qui repousse
Leur dur taudis, d'ecumeuse secousse.
Le Chariot qui en tenebres luit
N'auoit attaint de son cours la minuit,
Quand le souci des peines coutumieres
A ces Pescheurs déferma les paupieres :
Ils s'exhortoyent l'vn l'autre pour chanter
Quand l'vn des deux ainsi va raconter.

### LE PREMIER PESCHEVR.

Ceux, compaignon, mentent bien qui assurent
Qu'au temps d'Esté les nuicts courtes ne durent
Quand les lons iours éclairent aux humains :
I'ay desia veu dix mille songes vains,
Et si encor celle là qui rameine
Le blond Soleil, d'Orient est lointaine.
O que des nuicts le cours est spacieux !

### LE SECOND PESCHEVR RESPOND.

C'est le labeur qui te rend soucieux,
Faisant sembler leur carriere plus lente :
Mais ie te pry, dy moy, qui te tourmente?

### LE PREMIER PESCHEVR.

Sçais-tu iuger des songes, qui souuent
Viennent de nuict les hommes deceuant?
Ie te voudrois faire part de ma ioye
Comme en peschant commune est notre proye.
Vn doux songer s'est à moy presenté,
Que ton esprit bien expérimenté
Sçaura soudain par bon aduis comprendre,
Pour en apres ma fortune m'apprendre.
Celuy sçait bien des songes deuiner
Qui peut sçauant les faicts imaginer,
Qui ha l'esprit comme demi-Prophete
Pour discourir d'vne chose secrete,
Qui ha le chef pourueu d'entendement,
Le cœur colere et prompt à mouuement.

### LE SECOND PESCHEVR.

He, que feroit quelqu'vn aupres des ondes
Couché dessus les feuilles vagabondes
Sans receuoir le sommeil oublieux,
Sinon iuger des Songes gracieux
Nous deceuant par diuerses figures?

Malgré le sort des tempestes obscures
Dans le Palais on trouue à trafiquer,
Et le grand Cerf enseigne à pratiquer.
Mais, compagnon, dy moy quelle mensonge
A pris tes yeux au millieu de ton songe ?

#### LE PREMIER PESCHEVR.

Quand du trauail pesamment assommé
Ie pris le somme en mon œil enfermé,
Ie n'estois plein qu'à sobre suffisance :
(Car en soupant, si tu as souuenance,
Nous epargnons : ) Or, en dormant ie vey
Vn tel obiet que i'en fu tout rauy.

Il me sembloit que dessus vne roche
I'estois assis auecques mon haim croche
Pour épier les poissons dessous l'eau,
Et qu'à mon haim s'en accrochoit vn beau.
Le chien dormant songe au pain bis qui entre
A gros lopins de sa gueule en son ventre,
Et moy Pescheur ie songeois au poisson.
Il me sembloit que pris à l'hameçon
Pendilloit vn de la troupe nageante,
Se debatant d'ecaille sautelante :
Son sang couloit, et de son battement
Faisoit plier mon pescheur instrument.
Lors ie voulu tous mes efforts estendre :

Car ie craignois que ie ne peusse prendre
Ce beau poisson, qui sautant se batoit
Contre mon haim dont le fer l'emportoit,
Puis repensant en sa playe saigneuse
Ie demandois : Plein de douleur ireuse
Poisson blessé, me voudrois-tu happer ?
Quand ie le vey ne pouuoir échapper,
I'estends la main, ie le prens, ce me semble,
Et mets à fin le combat tout ensemble.
Dessus le bord ce poisson ie tiré
Dont tout le corps sembloit estre doré.
Si que voyant son écaille dorée
I'eu peur qu'il fust vne chose sacrée
A Amphitrite, ou que Neptune encor
Le tinst sacré comme vn riche thresor.
Tout doucement, ma gauche main y touche,
Et au poisson i'osté l'haim de la bouche
A fin que l'or ne s'y tint accroché,
Puis sur la riue en l'herbe le couché.
Lors ie iuré de iamais n'apparoistre
Le pié sur mer, ains la terre connoistre
Pour commander au metal radieux :
Le doux Sommeil s'enuola de mes yeux.
De tel serment ie n'ay l'ame assurée,
Craignant faulser ma promesse iurée ?
Assure donc, ie te pry, mon penser.

### LE SECOND PESCHEVR.

Ah! n'ayes peur, et ne pense offenser
Les puissans Dieux : Ta belle fantaisie
Est chose vaine et pure tromperie :
Si tu n'as pris le beau poisson doré
Par nul des Dieux aussi tu n'as iuré.
Que si veillant tu ne fais l'exercice
( Dessus la mer de ton âge nourrice)
Comme soulois : Tu seras en danger
De n'auoir rien bien souuent que manger
Auec tout l'or qui t'a frappé la veuë.
Mais si au vray ta dextre s'euertuë
En ton mestier de faire son deuoir,
Espere alors force poisson auoir
Pris en tes rets par veritable prise :
Voilà comment chaque Pescheur deuise.

Souuent ainsi i'empogne vn songe vain,
Mais le solide échappe de ma main.
Je te supply, fay que mon songe sorte
L'vn de ces iours par la certaine porte,
Et mon espoir à la fin contenté
En lieu du faux trouue la verité.

## CXXX

### EN L'HONNEVR DE BACCHVS

*Au sieur de la Possonniere* (1).

Il ne se faut esmerueiller
Si l'on voit Marin batailler
De pieds, de bras et de ceruelle;
C'est le Thebain, fils de Semele,
Qui de son Thyrse raisineux
A frappé son cerueau vineux.

Hé! mais qui pourroit resister
Contre ce Dieu qui peut domter
Le cerueau des hommes plus sages?
C'est luy qui hausse nos courages

---

(1) Claude de Ronsard, frère aîné du poëte.

Qui les combats nous fait gaigner
Et tous les hazards dedaigner.

L'effroy n'assault iamais le cœur
Où se campe ce Dieu vaincueur :
O Bassare, domteur des Indes,
Bien haut mon courage tu guindes !
Ie ne veux estre despité
Contre toi comme fut Penthé.

Ie ne ressemble aux Nautonniers
Qu'au milieu des flots mariniers
Tu fis fendre les eaux marines
Les vestant d'escailles Dauphines,
Ains tousiours i'honore le vin
Où gist vn mystere diuin.

Ce n'est moy qui mets à mespris
Ceux qui de ta fureur épris
Celebrent tes sainctes Orgies :
Ie voy les Bacches estourdies
Euan Iach Iach crier
Et tes triomphes publier.

La Lune n'acheue le mois
Qu'en ce fertile Vandomois

On ne te celebre vne feste :
Chacun donne autour de sa teste
Le Lierre et le Pampre aussi
Et te nomme Chasse-soucy.

Aussi l'on dit que tu passas
Le long du Loir, et que laissas
Ton beau nom à la Denysiere (1)
Voisine de la Possonniere,
Et commandas que les raisins
Chargeassent les couteaux voisins.

La Possonniere de Posson (2)
Se surnomme, non du poisson
Qui des RONSARDS nomme la race :
Aussi l'on dit qu'en ceste place
Tu beus tant que tu chancelois
Et là demeurer tu voulois.

Posson, poinson tout begayant
Tu la nommois en tournoyant,
Et c'est cela qui me fait croire

---

(1) Le château de la Denisière, qui se trouve à trois ou quatre kilomètres ouest de la Poissonnière, appartenait à une branche de la famille de Ronsard.

(2) Le posson ou poisson était une mesure pour les liquides. Il variait de deux litres à un demi-litre. — Le poinçon, très variable aussi, équivalait, en beaucoup de provinces, à un hectolitre environ.

Que tel nom luy donnas de boire,
De boire non les claires eaux
Mais les vins et vieux et nouueaux.

Là, tout le camp qui te suiuoit
Beuuoit sans fin et rebeuuoit,
Tellement qu'il laissa respandre
Tout le plant de la vigne tendre
Qu'il portoit, et au desloger
Oublia de s'en recharger.

Pource meint cousteau reuestu
S'y voit de ce bon plant tortu,
Et en l'honneur du porte-lierre
De Bacchus on vide meint verre,
Le louant d'estre l'inuenteur
D'vne si celeste liqueur.

Semeleen, Thyoneen,
O deux fois né Bœotien,
Preste-nous à la proche annee
Plus grande et meilleure vince,
Donne que d'icy à cent ans
Ie gouste de tes doux presens.

# CXXXI

## POUR VN COCV

Le roux Chameau de bosses montueux
Comme les flots bossus et tortueux,
Fit autrefois cette folle demande
A Iupiter qui peut tout en commande.

Veuilles, Seigneur, qui toute chose peux,
Me prester aide et entendre mes vœux :
Fay moy sortir ainsi que droites bornes
Dessus mon front, les pointes de deux cornes,
Le Cerf leger qui n'est pas si puissant,
En ha le chef superbe et menaçant :
Rien ne me sert ma taille belle et haute
Si desarmé de ces cornes i'ay faute.

Il dist ainsi : Mais il fut debouté
De sa requeste, et le Dieu despité,
L'enlaidissant dauantage à merueilles
Appetissa sa teste et ses oreilles
Pour n'auoir pas en sa folle oraison
(Content de soy) demandé la raison.

Braue Cocu, ta priere ordinaire
(A ce qu'on dit) est bien tout au contraire :
Te deffiant de ta femme à tous coups
Et de toy mesme, auec vn soin ialoux,
Tu ne permets reposer ny la Lune
Ny les Demons que le charme importune.
Le Ciel tousiours est trauaillé par toy
Pour t'asseurer de ta femme la foy,
Non cette foy qu'elle doit à l'Eglise
Mais pour ton lict qu'elle t'auoit promise.

Entre les Dieux Concile s'est tenu
Si tu deuois tousiours estre cornu,
Et chacun d'eux a dict en l'assemblée,
Que ta ceruelle estoit bien fort troublée,
Puisque ignorant tu ne demandois pas
Vn bien permis à plusieurs d'ici-bas :
Pourtant qu'au double ils vouloyent que la Plante
En cornichons sur ton chef renaissante
Prist auantage, et qu'elle dureroit

Tant que ta femme aux yeux belle seroit.
Iupiter mesme emprunta le plumage
D'un beau Cocu, quand l'amoureuse rage
Luy fit chercher le doux embrassement
De sa Iunon qu'il aimoit ardemment.

Sois donc Cocu, et ne cuide pas rompre
L'antique loy qui ne se doit corrompre,
Tu es venu pour l'accomplir ici,
Et ce qui doit moderer ton souci
C'est qu'infinis sentent ta maladie.
« Moins fache vn mal souffert par compagnie. »

# CXXXII

## ODE CHRETIENNE

Qvi sera mon secours
En l'ennui de mes iours?
Escoute ma parolle,
O Jesus, et consolle
Mes esprits amoureux.
Montre ta face clere,
Rends mes yeux bienheureux
Par ta saincte lumiere.

Mon cœur est vn amant
Qui te suit ardemment :
Tu es aussi de mesme
Amant de ce qui t'aime.
Vien la voie arrouzer
Dont s'altere mon ame :
Seul tu peux apaiser
Le desir de ma flame.

Tu ne sçaurois haïr
L'ame qui veut iouïr
De ta grace promise,
Et qui tient sa franchise
De ton sang precieux.
Donq pourquoy ne sent-elle
De ces biens gracieux
La douceur immortelle.

Ah ! pourquoy laisses-tu,
Sans monstrer ta vertu,
Mes prieres trompées
Estre au vent dissipées ?
Tant de cris espandus
Au milieu de mes plaintes
Sont-ils en vain perdus ?
Les amours sont-ce fainctes ?

Mais tu as beau tenter,
Genner et tourmenter
D'vne amour soucieuse
Mon ame desireuse;
Elle ne cessera
D'aimer ce qui la pousse,
Et languissant, dira,
Languir est chose douce.

## CXXXIII

## PROSOPOPŒE
### DE FRANÇOIS DE MAVGERON

Les ames des défunts ont soing de leurs amis,
Et souuent par le Ciel ce bien leur est permis
De reuenir en bas et visiter encore
Ceux que leur saincte ardeur aime plus et honore
Durant que le dormir tient le monde en repos.

L'autre nuit cependant que mon œil estoit clos
Et que i'auois les sens enseuelis du somme,
Mon ame eut vision d'vn celeste ieune homme.

Il estoit tout semblable et d'yeux et de cheueux,
Et de face et de front et de port genereux
Au jeune Maugeron que la Parque ennemie

En l'Auril de son age osta de cette vie ;
Il paroissoit un Ange en beauté nompareil
Quand de ces doux propos il toucha mon sommeil.

Ecris, ce me dit-il, ce que ie vais te dire,
Afin que d'age en age on le puisse relire.

Cailus et Saint-Maigrin et Maugeron aussi,
Ayans quitté la terre et tout humain souci,
N'ont toutefois quitté la douce souuenance
De Henry leur seigneur, pere et Roy de la France ;
Comment l'oubliroient-ils quand encor chacun iour
Ils sentent les bienfaits de son diuin amour ?
Afin qu'icy leur nom de siecle en siecle dure
Il a fondé pour eux obitz et sepulture,
Il leur a fait l'honneur qui se peut faire aux morts,
Il a iusqu'à la tombe accompagné leurs corps,
Il les a bien aimez tant qu'ils furent sur terre :
Maintenant qu'vn tombeau leurs depouilles enserre
Il prie et fait prier à toute heure pour eux,
Afin que leurs esprits soient aux lieux bienheureux ;
Si bien que par l'effet de sa saincte priere
Il les a mis au rang des anges de lumiere ;
Aussi pour son bonheur sans cesse vont priant
Et de vœux éternels le vont remerciant :
Nul regret ne les poingt de la vie mortelle,
Leur aize est infini, leur gloire est éternelle,

Ils ne viuoient icy que comme les mortels,
Ils reuiuent au Ciel comme Dieux éternels,
Et s'ilz ne laissent pas en terre de reuiure
Dedans le cœur du Roy qui d'esprit les veut suiure,
Ainsy viuans en Dieux, ainsy viuans en Rois,
Ici bien fortunez, là bienheureux tous trois.

Iamais l'humain desir ne s'estend sur les choses
Où la felicité n'ha ses graces enclozes,
Ilz sont donq tres-heureux puisqu'il s'en trouue assez
Qui voudroient par la mort au Ciel estre passez,
Pour sentir les regrets du bon maître et Monarque
Qui du tort faict sur eux blasme souuent la Parque.

Escris qu'vn grand amour outrepasse les bords
De Styx et d'Acheron pour luy non assez forts.
Escris que tous les trois en viuant n'eurent faute
De courage pour faire vne entreprise haute,
Et de vaillans exploits honorer leurs beaux ans,
Mais eurent seulement faute d'un plus long tems,
N'eurent assez de vie, ains assez de courage.
L'ombre ayant dit ces mots ne dist rien dauantage,
Ains soudain reuola sur l'Olympe des Dieux
Quand l'Aurore remet tous les flambeaux des Cieux
Chacun en sa demeure, et leur danse finie
Conte si nul ne manque à telle compagnie.

# CXXXIV

## COMPLAINTE DE CLEOPHON (1)

CLEOPHON se plaignoit autant qu'on peut se plaindre
En ces mots dont ie veux sa tristesse depeindre,
Les monts, les rocs, les bois oyant son amitié,
Admiroient sa douleur et en auoient pitié.
Telle estoit sa complainte : O mechantes tenebres
Qui me donnez des iours si tristes et funebres,
Pourquoy si promptement auez-vous fait tomber
Le feu qui commençoit encores à flamber ?
Pourquoy si tost se perd l'Aurore messagere
D'vne si reluisante et celeste lumiere ?

Tenebres, ie vous damne et vous bany là bas

---

(1) Comme on l'a vu ci-dessus, le poëte désigne sous ce nom Henri III qui pleurait la mort de ses mignons.

Dans le sein du Tartare où le Ciel ne luist pas.
Dans le gouffre de Styx pour iamais retirées
Iamais ne iouïssez des flames etherées,
Puisque vous rauissez à mes yeux leur clarté.

Quand ie pense aux soleils que vous m'avez osté
Tous plaisirs en mon cœur dorment et prennent cesse,
Et en lieu d'eux en moy s'esueille la tristesse :
Alors ie n'ay soucy de quelconque plaisir.
Et mourir pour les suiure est mon plus grand desir.
Mes yeux ont beau chercher un obiet desirable
Ils ne trouuent plus rien qui leur soit agreable :
I'auise tous les lieux où ie les soulois voir;
Mais c'est ce qui plus fort vient mon dueil esmouuoir,
N'y voyant plus les corps qui tant me souloient plaire,
Et ie crois m'esgarant d'vn penser solitaire
Que les cieux où luisoit leur diuin ornement
Portent mesme regret de leur eslongnement.

Vous fustes autrefois, ô chere compagnie,
Icy bas le repos et l'espoir de ma vie,
Vous estes maintenant ma plainte et ma douleur
Le destin nous deuoit permettre ce bonheur
D'allonger d'vn accord ensemble nos iournées,
Ou deuoit à vos ans accourcir mes années.

Car mieux vaut vne mort qui viue à tout iamais,

Qu'vne vie qui meurt, et iamais n'a de paix :
Aucun lieu ne me rit sans vous que ie soupire,
Si vous estiez presens tout me sembleroit rire.

I'ay enterré ma ioye au creux de voz tombeaux
Et i'ay senti pour vous des regrets tous nouueaux;
D'autant que qui sçauroit en sa peine la mienne
Pour douce et pour petite il auouroit la sienne.

On peut représenter d'vn grand feu la couleur,
Mais la peinture manque à montrer sa chaleur;
Aussi l'on ne sçauroit en aucune peinture
Portraire les ennuis qu'en ma perte i'endure.

Le Ciel ha vos esprits qui viuent en repos,
La terre en vn grand temple est l'vrne de voz os,
Et ie garde pour moi voz noms et vostre gloire,
Vos obiets, vos amours d'inuincible memoire.

Quelquefois pour tascher à consoler mon mal,
Lorsque durant la nuit les astres font leur bal,
Et deuant leurs rayons ne sont mis aucuns voiles,
Ie contemple le Ciel tout parsemé d'estoilles,
Et voyant les plus beaux des feux du firmament
Scintiller, ce me semble, à mon œil ardemment,
Ie fay croire à mon cœur que ce sont voz images
Qui m'enuoyent leurs rais comme pour leurs messages,

Se plaisans de me rire et de me regarder,
Au moins ie suis content me le persuader,
Et tant plus i'y regarde et tant plus ie le cuide,
Persuadé d'amour qui iusques là me guide :
Car amour sçait mon mal aspre et grief, et ie sçay
Qu'il luy peze et luy deult de l'angoisse que i'ay.

Si d'an en an reuient la saison printanniere
Plus riante de fleurs, plus belle et plus entiere,
Que ne reuient aussi nostre vie en noz corps,
Apres qu'vn peu de tems elle a couru dehors?
Ha! destins malheureux! qui, durant ces alarmes
A mon chef donnera des fontaines de larmes
Pour fondre en pleurs de iour, pour fondre en pleurs de nuit
De la faueur du monde à iamais esconduit?
Ie me plaindrois sans cesse, et de mes dures plaintes
Toutes places et lieux sentiroient les atteintes,
N'estoit que les soupirs ont pour fin de leurs cours
Qu'on ha honte à la fin de se plaindre tousiours.

Ainsi se lamentoit d'vn accent pitoyable
Cleophon aux humains et aux Dieux venerable,
Et tant sa passion vint toucher doucement
Les cordes de mon ame auecq estonnement,
Que rauy des propos qu'il donnoit à entendre,
Pour les chanter souuent ie voulus les aprendre.

## CXXXV

## LES NYMPHES FRANÇOISES
## AVX FRANÇOIS

Ivsqv'a quand, ames insensées,
De fureur serez-vous poussées?
Les neiges du mont Apennin
Ne gelent tousiours son visage,
Mais sans fin vous viuez de rage.
De cruautez et de venin.

Vengeance court dessus vengeance,
D'vn mal vn autre recommance,
Comme d'vn esclair scintillant
Il renaist vne autre lumiere
Deuant que l'esclaire premiere
Ait caché son feu violent.

Iettez bas, furieux, voz armes :
Quel honneur auez-vous, gens d'armes,
D'estre à vous-mesmes furieux.
France tend les bras et vous prie
De respecter vostre patrie :
Hé, que pourriez-vous faire mieux ?

Retournez-vous au bien supresme,
C'est pour la gloire de vous-mesme.
L'amateur des seditions
N'a loix, ni parens, ni famille :
Richesse de concorde est fille,
Pauureté suit les factions.

On a dit que les Corybantes
Vestus d'armes étincelantes,
Dansoient autour de Iupiter :
C'est qu'il faut vestir la cuirasse
Pour empescher qu'aucune audace
Sur les Rois ne vienne attenter.

On dit que le char de Cybele,
Que mere des Dieux on appelle,
Estoit tiré par deux lions :
Cet office doit vous apprendre
Qu'obéissans il se faut rendre
Aux diuines religions.

Il faut que les races plus fieres
Se laissent flechir à leurs meres
Et terres qui les ont portez :
La garnison ilz doiuent estre
Du païs qui les a fait naistre,
Le haussant d'honneurs meritez.

Sous l'enfer chassons la discorde,
Attirons du Ciel la concorde,
Et comme les grains sont vnis
Dedans les pommes des grenades,
Lions-nous de mille embrassades
Et d'amours qui soient infinis.

## CXXXVI

### AMOVR ET BEAVTÉ NEZ ENSEMBLE

Ie crois que la beauté nasquit aueq Amour
Et qu'ils furent tous deux conçeus en mesme iour;
Car tout ce qui est beau soudain est agreable
Et la beauté surtout est vne chose aimable;
Cela fait que l'on chante Amour estre enfanté
De Venus qui se dit deesse de beauté,
Car Venus qui nasquit d'vne conque marine
Est la beauté qui prist du chaos origine
Lorsque l'esprit de Dieu porté dessus les eaux
Fit le monde et beauté naistre comme iumeaux;
Le monde et la beauté, l'vn masle et l'autre fille,
Sortis du noir chaos comme d'vne coquille.

Quiconque le premier fit presider Venus

Aux beautez et Amours nez ensemble et connus,
Celuy-là non profane entendit les mysteres,
Et comme tous ces deux sont ensemble ordinaires;
Mais qu'est-ce que beauté sinon ie ne sçay quoy
Plaisant et gratieux qui vous attire à soy;
Vne certaine grace et iuste symetrie
Qui gangne ou la raison, ou les yeux, ou l'ouye,
Qui gangne nostre cœur et nous force d'aimer?

En tant qu'elle s'arreste et se plaist à former
Les choses que l'on voit, ou qu'on oyt, ou qu'on pense,
On l'apelle beauté; mais quand elle s'auance
Aux yeux ou à l'oreille, ou bien à la raison,
Les touchant doucement par douce liaison,
On l'apelle vn plaisir, vn certain delectable,
Vne volupté douce à noz sens désirable.

Nous recherchons icy parmi nous la beauté,
Et celle pour laquelle vn homme est arresté,
Pour laquelle en aimant il suit les creatures
N'est que certaine grace aux humaines figures,
Vne certaine forme aueq proportion
Qui pousse noz esprts à delectation
Par plusieurs de nos sens ou par tous tout ensemble,
Dont apres vn desir à tel plaisir s'assemble.
Car l'amour n'est sinon qu'vn certain doux plaisir
Dont l'esprit en aimant se sent du tout saisir,

Se plaisant en la choze où telle bonne grace
Pour se faire admirer aura choisi sa place.
Telle inclination fait que d'vn tel plaisir
Procede au mesme instant vn certain beau desir
Nous faisant desirer les choses qui nous plaisent,
Et iamais du desir les flames ne s'apaisent
Sinon qu'en iouissant de ce bien qui nous plaist.

Ainsi l'amour en nous qui de la beauté naist
Est vn commencement, vn principe qui donne
Naissance au mouuement desirant choze bonne,
Et tel plaisant desir, tel plaisir desireux
Rend tout en l'vniuers heureux ou malheureux.

## CXXXVII

## DE PAN ET D'ECHO

Pan, le Dieu d'Arcadie, autrefois seulement
Ne sentit pour Syringue vn doux embrasement,
Et pour elle ne fit sa fluste pastoralle
Aueq certains rozeaux de grandeur inegalle,
Monstrant que leur amour n'auoit iamais esté
Reciproque ou rangé sous mesme egalité :
Echo, qui n'est iamais en propos la premiere,
Neantmoins à respondre est tousiours la derniere,
Rauit à ce Dieu Pan iadis sa liberté
Par ses douces chansons et sa grande beauté ;
Mais comme volontiers il aduient qu'on mesprise
Le gain desia gangné, pour faire vne entreprise,
Cette Nymphe euitoit du Dieu Pan les amours,
Et iamais ne voulut entendre à son secours,

Courant aprés les pas de l'arrogant Narcisse :
— Que ie prie, dit-elle, vn tel à mon seruice?
Vn satyre difforme, vn si laid et cornu,
Qui par ses pieds de boûq pour bouq est reconnu?
Vestu sauuagement d'vne peau de Panthere?
S'il plaist à tous les Dieux, il ne me sçauroit plaire!
Pan aueq tels desdains fut saisi de despit,
Et encore l'enuie en sa fureur se mit,
Car il aimoit Echo pour ses chants admirables;
Mais voyant ses ardeurs aux siennes dissemblables,
Il tourna son amour plein d'admiration
En rancune enflamée à fiere intention.
Donq enflé de courroux luy portant vne enuie
De ce que ses chansons vainquoient son harmonie,
Despit de n'auoir peu iamais venir à bout
De jouïr des beautez qui l'auoient gangné tout,
Il vsa de ces mots respirans de menace :

— I'en auray ma vengeance, et cette bonne grace
Qu'elle ha de bien chanter, ni sa ieune beauté
Ne la feront longtemps brauer de cruauté.

Plustost il n'eut fini que sa fureur conceüe
Ratifia ces mots d'vne cruelle yssüe :
Il fit que les bergers deuindrent furieux.
Les cheures, les troupeaux du païs et des lieux
Où demeuroit Echo, nymphe au plaisant visage,

Ces cheures, ces troupeaux, ces bergers pleins de rage,
Comme loups affamez et charongneux mastins,
Mirent la pauure fille en pieces et lopins,
Dechirerent sa peau, çà et là respandirent
Ses membres despecez qui plus onq ne s'vnirent,
Et qui mourant chantoient encore ses chansons.

Les Nymphes abhorrant si cruelles façons,
Pleurerent l'accident d'vn sort si miserable!
La Terre oyant leurs pleurs se monstra pitoyable,
Conserua son beau chant pour leur faire faueur,
Conserua sa musique, en retint la douceur,
De maniere qu'au gré des neuf Muses compagnes,
Encores maintenant à l'abry des montagnes,
Aux vallons, près des eaux, et au milieu des bois,
Toute telle qu'on veut elle rend vne voix
Image des propos, ou dolente ou railleuse,
Aux cœurs plaintifs, plaintiue; aux cœurs ioyeux, ioyeuse.

# CXXXVIII

## PROSOPOPŒE DE LA FORTVNE

Ie suis Reine et Deesse en tous humains affaires,
De moy viennent les dons qui vous sont ordinaires,
Iupiter ne les donne aueq ses deux tonneaux ;
Ie suprime les vieux, i'exalte les nouueaux,
Ie suis la tout-puissante, assez, assez connuë,
Qui selon mon plaisir bien et mal distribuë :
I'habille les seigneurs d'or, de soye et d'argent,
Et i'habille de toille et de gris l'indigent :
Par moy l'vn est reduit à la cape et l'espée,
Par moy l'autre se voit honoré d'vn trofée.
Ces enseignes et dons et tableaux de valeur
Que dans la nef d'vn temple, à l'autel, ou au chœur
Quelqu'vn va dediant, ayant sauué sa vie
D'vn naufrage ou danger, ou d'vne maladie,

Se deuroient dedier à moy le plus souuent
Par qui le plus souuent l'homme se va sauuant;
Et comme l'on m'impute à tous coups les miseres
On deuroit m'imputer les fortunes prosperes.
Diagore entendoit de moy la verité,
Car voyant des tableaux en grand diuersité
Dediez en vn temple aueq les portraitures
De plusieurs garantis de tristes auentures,
Dist tout incontinent : — On en verroit bien plus
Si ceux qui sont enclos dans le tombeau reclus,
Ou noyez en la mer, non sauuez par prieres,
Y eussent dedié leurs miseres dernieres.

Ie suis celle qui fais et qui defais aussy,
Et de tout on me doibt rendre le grand mercy,
Mais esleuant quelqu'vn dans vne charge haute
Il doibt bien regarder à ne me faire faute,
Il doibt bien regarder à vser comme il faut
Des faueurs qu'il reçoit estant mis en lieu haut,
De peur que loing de luy mes biens ie ne retire,
Et qu'il ne soit contraint à la parfin de dire
Ce que disoit Denis pendant sa royauté :
— Bienheureux qui tousiours malheureux a esté.

Ce mesme Roy connut quelle estoit ma puissance,
Quand il dist à Philippe vne telle sentence :
Philippe demandoit : — Comment n'as-tu gardé

Vn royaume si grand par les tiens possedé ?
Soudain il respondit : — Ce n'est point de merueille
Si tu ne me vois plus en dignité pareille.
Mon pere me laissant l'empire qu'il auoit,
Il ne m'a pas laissé ce qui plus y pouuoit,
Il ne m'a pas laissé son heureuse fortune
Qui pour se maintenir lui fut tant oportune !
Donques c'est moy qui peux acquerir et garder,
C'est moy qui fais seruir et qui fais commander ;
Et ie permets longtems que de mes biens on vse
Quand ils tombent es mains d'vn qui point n'en abuse.
« Ce qui est violent ne peut longtemps durer,
« Et qui me violente est pour ne demeurer. »
Ie n'aime ces hautains qui contrefont les Princes
Comme s'ils estoient Ducs ou Seigneurs de prouinces.
Ne se connoissant pas et ne se mesurant.
Longtemps sans les punir ie m'en vais endurant.
D'Otus et d'Ephialte ils doiuent tous aprendre
Qu'à la fin on se perd de trop haut entreprendre :
Ces deux frères estoient des plus beaux et plus grans
Que la terre nourrist superbes se monstrans :
A neuf ans ils auoient de largeur neuf coudées,
Ils auoient de longueur neuf aulnes mesurées ;
Si bien qu'enflez d'orgueil ilz menaçoient les Dieux,
Et vouloient escheler la demeure des Cieux,
Assemblant mont sur mont, mais le Dieu du tonnerre
Par son fils Apollon mist fin à telle guerre ;

Qui les tuant tous deux les logea chez Pluton
Deuant qu'vn poil folet cotonast leur menton.

Ainsi dist la Fortune, et secouant sa boule
Fit trembler tout cela qui souz la lune coule,
Comme celle icy-bas par qui tout s'accomplit,
Par qui des deux costez le feuillet se remplit.

## CXXXIX

### VNE DAME A SON MARI

Cent mille fois i'ay dit que tu estois à moy,
Et ie m'en assurois, comme ie suis à toy,
Mais comment estre mien se peut dire à cette heure
Vn qui si longuement absent de moy demeure?
Vn qui par tant de fois et si souuent se perd
De celle qui l'honore et nul autre ne sert?

En lizant cette epistre ayes en ta pensee
Si tost que tu verras quelque lettre effacee
Que de l'eau de mes pleurs telle effaceure vient!
Si quelque trait de lettre assez mal s'entretient
Croy qu'vn trait peu hardy laissé dedans ma lettre,
Est signe que la crainte en moy s'est venu mettre,
Crainte que tu ne sois donté par un hazard

Ou que ton cœur s'engage et se lie autre part,
Car ma main vacilante est vn signe de crainte.

Ie fay mainte priere en mainte eglise sainte,
Et mille vœux par moy se font vn chacun iour,
Afin que bienheureux puisse estre ton seiour,
Mais souuent ie maudy la guerre et les voyages
Qui peuuent separer les corps, non les courages.
Perisse le metier des trompettes d'airain
Dont le son esclatant me fait fremir le sein,
Perissent et le fer et les forgeurs des armes,
Et les occasions de guider les gens d'armes,
Et les occasions de voyager tousiours,
Pour agrandir l'honneur apetissant les iours.

Mais dy-moy, ie te pry, si ton corps ne se lasse
D'estre tousiours pressé du corps d'vne cuirasse !
Ha ! Dieu veuille plustost que tu en sois pressé
Que de quelque amoureuse où ton cœur soit blessé,
On dit que la maigreur descharne ton visage,
Et qu'vne couleur iaune à ton teint fait dommage;
Ie souhaitte que telle et maigreur et couleur
Procedent du desir de m'oster ma douleur,
Procedent du desir et de l'extresme enuie
Que tu as de me voir en m'estimant ta vie.

Pour sçauoir les endroits où tu es maintenant,

Ie deuiens geografe, et ie vais aprenant
Par les cartes du monde, où sont fleuues et villes,
Montagnes et païs sterilles et fertilles.
Quel bien les recommande, ou quel homme excellent
A fait que son renom aux peuples va volant :
S'il y a quelque fable ou quelque belle histoire
Qui rende aucun païs illustre à la memoire.

Dans les cartes ainsi ie voy les mondes peints,
Et ie voy quel païs te tire à ses desseins,
Puis ie baise et rebaise en ces cartes la place
Qui de te posseder ha l'honneur et la grace !
Quelquefois ie m'enquier si tel lieu bienheureux
Porte quelques beautez pour te rendre amoureux,
Et soudain qu'on respond, ouy, ie tressaus, craintiue,
Que telle occasion te retienne et captiue.

Heureuses ont esté durant le temps iadis
Ces dames qui suiuoient les cheualiers hardis,
Les cheualiers errans qui pour l'amour des belles
Couroient toute auenture, et souuent deuant elles.

Heureuses ont esté Marphise et Bradamant
Que leurs vaillans exploits vont encore animant,
Que du temps de Renaud, de Roland, et encore
D'Oliuier, de Roger, vn Arioste honore !
Elles accompagnoient ces braues cheualiers,

Leurs amis et seigneurs, et dontoient les plus fiers :
Heureux donq fut le temps du grand Roy Charlemagne !
Si le Ciel estoit tel, ie te serois compagne,
Compagne tres fidelle en guerre et en tous lieux
Où tu voudrois chercher vn renom glorieux ;
Et ny les froids hyuers qui d'vn lien de glace
Lient etroittement des riuieres la trace,
Ni les estés bouillans beuuans des eaux l'humeur
Ne me retarderoient d'accompagner mon cœur,
Participant à l'heur et malheur de tes gestes.

Tous les amours sont grands, mais l'vn des plus celestes
Et des plus grands qu'ils soient c'est celuy d'vn mary
Que les Graces tousiours ont eu pour fauory.
Venus esuante vn feu sorty de telle braize
A celle fin qu'il viue et afin qu'on s'y plaize :
Tous mouuemens qui font qu'vn esprit soucieux
Aux Augures se rend tout superstitieux,
Me tiennent en frayeur, et ie pren quelque augure
Sur tout ce que i'entens ou ie voy d'auenture,
Et toutes ces frayeurs me tenant en esmoy
N'assaillent mon esprit que pour l'amour de toy.
Ne fay, ie te supply, tant conte de la gloire,
Ni de faire trembler la Flandre en ta victoire,
Mais reuiens tout ainsi content à ton retour
Comme tu n'auras point violé nostre amour.

## CXL

## LA LOVANGE DV BLANC

*A M. de Dinteuille, gouuerneur de Champagne* (1).

Tovsiovrs m'arresteray-ie à chanter des couleurs,
Les simples accidents suiets des blazonneurs?
Il faut pour cette fois m'y arrester encore
En faueur des beautez que la blancheur honore :
Puis nous ne voyons rien sans couleur icy-bas,
Et le solide corps sans elle on ne voit pas,
Sans elle sa compagne, et l'œil seulement donne
Contre elle dont le corps solide s'enuironne.

---

(1) Joachim, baron de Dinteville, Meurville, etc., lieutenant général de Champagne et de Brie, chevalier des ordres du Roi né vers 1535, mort sans postérité le 1ᵉʳ oct. 1607.

Or entre les couleurs ie chanteray le blanc
Comme entre elles tenant touiours le premier rang,
Car le Dieu tout puissant fit la haute lumiere
(Principe des couleurs), la blancheur singuliere.
Les planettes aussi d'où despend le bonheur,
Ont leur solidité luisante de blancheur,
Et donnant le matin la rouzoiante aurore
En tout temps de ce teint son visage colore.
Que si vn peu honteuse elle a le teint vermeil
A l'heure qu'elle chasse au deuant du Soleil
Les ombres de la nuit, ce n'est qu'en aparence
Que le vermillon peint sa blanche et pure essence,
D'autant que les vapeurs qui sont entre nos yeux
Et entre le leuer de ses rais gracieux
Font sembler rougissant le beau de son visage,
Combien que sa lueur n'en sente aucun dommage.

Les Pontifes d'Egypte, hommes d'entendement,
Habilloient Osiris d'vn blanc habillement
Pareil à la lumiere, exempt de tout ombrage
Et de variété de teinture ou nuage,
Montrant que le grand Dieu, cause et commencement
Des choses de ce monde, est simple entierement,
Sans meslange quelconque, et comme seul principe
Iamais des mixtions en soy ne participe :
Au contraire ils faisoient à la deesse Isis
De diuerses couleurs ses voiles et habis,

Declarant que Nature estant cause seconde
Pour conduire apres Dieu les œuures de ce monde,
Met toute son essence, employe son pouuoir
En la matiere preste et pronte à receuoir
Toutes formes en soy, se faisant toutes choses :
Iour, nuit, eau, feu, mort, vie, et cent metamorfoses.

Tout element, ou rare, ou espaix, tient par soy
En soy de la blancheur, et rien ie n'aperçoy
Aux premieres splendeurs qu'vne obscure meslange
Qui trouble et enlaidist leur clairté qui se change.
Les perles, le cristal, le ferme diamant,
L'argent, l'iuoire et marbre en tirent ornement,
Et l'honneur principal des pierres precieuses
Se donne au blanc qui luist en leurs faces gemmeuses.
Ie n'oubliray l'albastre en blancheur excellent,
Ie n'oubliray la nege au froid si violent,
La manne ny le lait des enfans la pasture,
Le sucre ny le miel de douce nourriture ;
Le coton ne veut pas que ie l'oublie aussi,
Combien que de mon encre il soit souuent noirci.
Oubliray-ie les lis, les herbes et les plantes
Qui de blanc vont parant leurs figures plaisantes,
Le iasmin odoreux de blanc est revestu,
Les ligustres, le cedre immortel de vertu :

Le mois de Mars produit les blanches violettes.

Presque l'infinité rend mes Muses muëttes,
Tant il se trouue au monde infinité de corps
 Que la pureté blanche embellist par dehors.
Tout arbre, toute plante à mesme heure qu'elle ouure
Son odorante fleur, d'vn blanc esmail la couure,
 Et de ce te beauté l'illustre clerement.
Car presque toute chose ayant ce parement
Vestant cette clairté, toute douceur respire,
 Et tout sincere amour si belle qu'on l'admire.

La foy, qui tient le monde en toute seureté,
En signe de sa grace et de sa pureté,
 Porte vne robe blanche, et m'auertist de croire
Que le blanc doit auoir sur les autres la gloire,
Tout ainsi que la foy doit tenir parmi nous
 De principal honneur estant l'apuy de tous.
Les citoyens Romains en la brigue et poursuite
Du Consulat, vestoient le blanc pour leur conduite,
 Et pour signifier, tenant le consulat,
 Que fideles tousiours ils seroient à l'estat.
Le poëte Virgile habille les saincts pretres
Et ceux qu'en poësie on estimoit bon maistres,
 D'vne blanche soutane, et vest pareillement
Ceux qui ont deffendu leur païs vaillamment.
Les Anges autrefois venans des lieux celestes
Souloient en tel habit se rendre manifestes,
 Comme l'Ange qui dist la Resurrection

Du Seigneur qui se fit nostre redemption.
Or, si la couleur blanche est iustement donnée
Aux Anges, à la Foy, et à l'âme bien née,
Ie te doibs dedier l'hymne par moy chanté
Pour tes actes parfaicts pleins de fidelité
Vers ton Dieu, vers ton Roy, vers ta chere patrie
Au poix de la vertu voulant pezer ta vie.

I'eusse assez dedié ce gentil argument
A quelque belle dame estant egalement
Blanche comme la nege, ou les lis, ou l'Albastre,
Mais leur beauté souuent est suiette au desastre
De ne durer longtemps et soudain s'effacer :
Pource i'ay mieux aimé cet ouurage adresser
A l'insigne vertu de ton ame fidelle
Seur que tu la feras sans changer eternelle.

## CXLI

### LA LOVANGE DE L'INCARNAT

*A M<sup>me</sup> Diane de Chateau-Morant* (1).

Lorsqve Iustinian l'empire possédoit,
La pluspart des Citez à l'enuy se bandoit
En folles factions de partis aduersaires
Pour maintenir l'honneur de deux couleurs contraires
Qu'ils prenoient à l'enuy aux tournois et au ieu;
Ils estoient diuisez pour le verd et le bleu.
Or en les imitant ie veux icy deffendre
La couleur incarnat et la gloire lui rendre,

---

(1) Diane Le Long de Chenilhac, dame de Châteaumorant, épouse en premières noces d'André d'Urfé, et en secondes, d'Honoré d'Urfé, auteur de l'Astrée, frère puîné d'André.

Car la veue est de feu, ainsi qu'ont asseuré
Les grands hommes sçauans d'vn sçauoir adoré,
Et ont dit que couleur n'est sinon qu'vne flamme
Qui procede des corps, les illustre et enflamme,
Et puis en s'escoulant auec proportion
Contre l'œil, fait que l'œil fait mieux son action.
Si donq il est ainsi, mon incarnat est digne
Sur toutes les couleurs d'vne louange insigne,
Comme ayant plus le teint d'vn beau feu reluizant
Qui cache vne blancheur souz vn vermeil plaizant.
Dauantage Venus, déesse reuerée,
Ha voulu que la fleur sur toutes honorée,
Dediée à son nom et qu'elle a plus à cœur,
Eust le teint coloré d'vne telle couleur.
Car on dit qu'autrefois toutes les rozes franches
Et les autres aussi de couleur estoient blanches,
Et ne s'en trouuoit point d'autre teinture alors,
Mais Venus de fortune accrocha son beau corps
Aux piquerons aigus d'vn rozier dont l'espine
Tira du sang vermeil de sa beauté diuine.
Tellement que depuis par l'effet d'un tel sang,
Des rozes la pluspart se despouilla de blanc
Et vestit l'incarnat de teinture immortelle :
L'Aurore au point du iour que l'on trouue si belle
Pour le plus grand honneur qu'elle a de sa beauté
C'est que de l'incarnat son teint est emprunté,
Et pource les auteurs des plus gentilles chozes

L'appellent maintesfois l'Aurore aux doigts de roses,
L'Aube à la main vermeille, au visage vermeil,
Plaisante auant courriere au matin du Soleil ;
La honte, sage vierge, aussi pour sa parure
Porte dessus sa ioue vne telle teinture,
Et les filles qui n'ont en la ioue vn tel teint
N'ont d'extresme beauté le grand honneur atteint,
D'où vient que si tousiours leur face il n'accompagne
Elles vont achepter du vermillon d'Espagne ;
Monstrant par ce moyen qu'assez belles ne sont,
Celles qui de nature au visage ne l'ont.
La couleur incarnate est la couleur plus viue,
Et mesme quand vn homme à son trespas arriue
On apperçoit alors qu'il perd cette couleur
Logeant dessus sa face vne morte paleur.
L'ame triste empeschant que le bon vin n'abate
Le beuueur qui la porte, est d'humeur incarnate ;
Les rubiz les plus beaux ont le lustre incarnat,
Le corail, le cinabre et aussi le grenat :
La mer Rouge où passa le peuple Israelite
Et qui de Pharaon engloutit l'exercite,
Ha ses flots incarnats qui reluizent aux yeux,
Et pource d'autant plus est celebre en tous lieux.
Ainsi donc l'incarnat faict mille biens au monde,
Dans le feu, dedans l'air, en la terre et en l'onde.
Ceux qui font des blazons sur toutes les couleurs
Disent qu'il signifie endurer des douleurs.

Estre en la genne au feu pour l'amour de sa dame;
La passion d'amour ne trauaille mon ame,
Et si à l'incarnat tant d'honneurs i'ay donné,
I'en doibs mieux estre creu n'estant passionné.
Toutefois ie le louë en faueur d'vne belle
Qui merite auoir place en la bande immortelle,
Qui ne verra iamais les rozes ni les lis
De son celeste corps, par les siecles cueillis,
Pourueu qu'en tous endroits mes œuures elle louë
Et que pour estre sien sans cesse elle m'auouë.

## CXLII

## METAMORPHOZE DE LA NIMPHEE
## DICTE NENVPHAR

I'estois dessus le bord d'vn estang limoneux
Et ie considerois d'vn regard tout songeux
La Nimphée engrauée au fons de ma poictrine
Pour autant qu'elle plaist à ton ame diuine :
Ie la considerois et ie pensois comment
Ie pourrois satisfaire à ton commandement,
Chantant comme elle fut en vne herbe changée :
Or, afin que ma peine alors fut soulagée,
Le demon de l'estang, vieillard aux blancs cheueux,
Vieillard à la grand' barbe et au sein tout herbeux,
S'esleuant sur le coude au milieu d'vne aulnaye,
M'aparut pour m'ayder au conte que i'essaye :

D'vn fort tenu manteau de couleur estant vert,
Comme un saule se voit, son dos estoit couuert,
Et de glayeulz poinctuz se couronnoit sa teste.
Puis à moy s'adressant ainsi il m'admoneste :
— Nourrisson de Phebus ne sois plus en soucy,
La fable que tu veulx, escoute, la voicy :
La Nimphée autrefois fut excellente et belle,
Nimphe pour ses vertus de louange immortelle,
D'aymer trop la vertu luy aduint ce malheur
Qu'elle fut en mourant changée en vne fleur.
Hercule retournoit du voyage d'Espagne
Apres auoir planté dessus cette campagne
Qui borne l'Espagnol et borne l'Afriquain
Deux colonnes, signal de son chemin loingtain;
Il passoit au pays où commandoit Nimphée
Qui desià de son nom ayant l'ame eschaufée,
Admirant sa valeur, le receut dignement,
Mais auec luy receut vn amoureux tourment !
Toutefois la beauté ne faict point qu'elle rende
Hommage au Dieu d'amour sans qu'elle s'en deffende ;
Son esprit ne s'arreste à l'enuiron du corps,
Mais aux gestes d'Hercule et valeureux et forts :
La vertu seulement est but de sa pensée,
Ne voulant qu'elle soit d'ailleurs recompensée
Sinon d'vn chaste amour : pource elle dist ainsi :

— Hercule, dont les faicts ont la terre esclairci,

Emplissant l'Vniuers ainsi que la lumiere
Qui tout illuminant des Cieux est la premiere,
Ie ne doibs point rougir, si toy estant vainqueur
Du monde en ces trois pars, tu surmontes mon cœur :
Tu as porté le Ciel, et par peines diuerses
Tu as vaincu Iunon et toutes ses trauerses,
Et rien, sinon l'Amour, ne t'a pu offencer;
Pourtant ie ne rougis de te le confesser;
Puis mon affection vers celuy qui me donte
Suyuant l'honnesteté ne me peut faire honte.
Elle est du tout honneste, et n'a rien pour sa fin
Sinon que de te rendre vn honneur tout diuin;
Te suiure, te seruir, et chanter tes louanges,
Pour auoir surmonté mille perils estranges;
Veuille moy tout de mesme aymer honnestement,
Et que ie t'obeïsse en tous lieux humblement,
Compagne de tes faictz et de tes beaux voyages.

Hercule qui souloit en mille autres passages
Ceder toute victoire à l'amoureux brandon,
Victorieux de tout sinon de Cupidon,
Se soubmist à l'aymer, se paissant d'esperance
Qu'à la fin il pourroit en tirer iouissance.
Il feignoit toutefois de ne rien desirer
Sinon qu'elle l'aimast sans plus en esperer :

— Il faut ioindre tousiours l'amour auec les armes,

Disoit-il : c'est le faict des genereux gens d'armes,
Qui doibuent d'autant plus honorer la beauté
Qu'elle a pour sa compagne vne humble honnesteté.
Des lors tousiours Nimphée auprès de luy receuë
Le suyuoit, et portoit quelquefois sa massuë,
Et ses desirs n'estoient d'autre bien satisfaictz
Sinon que d'admirer ses actes et haultz faictz,
Le seruant, l'honorant, l'aymant comme sa vie.
Hercule aussi l'aymoit, dont il lui prit enuie
De cueillir à la fin les fruictz de l'amitié.
Il disoit : — Ma Nimphée, ayes de moy pitié,
Ie ne sçaurois penser que chaude soit ton ame
D'ardente affection, si ie ne sens ta flame,
Me permettant iouyr du corps que i'ayme tant.
Ce bonheur me sera dauantage ou autant
Qu'auoir porté le Ciel et faict mille prouësses
Et gaingné la faueur de cent autres maistresses.

Or combien que Nimphée estimast sa valeur
Digne de triompher du point de son honneur,
Et que sa braize fust en sa chaleur plus grande,
Toutesfois vn sainct vœu dessus tout lui commande.
Elle vsoit de ces mots afin de s'excuser :

— Ne trouue point mauuais si i'ose refuser
Ce fruict que maintenant, ô mon cœur tu souhaites :
Les promesses qu'en vœu par cy-deuant i'ay faictes

A la sœur d'Apollon m'ont tellement lié
Que iamais ne sera ce vœu sainct oublié.
Tu sçais qu'il ne conuient se mocquer des célestes,
Car les punitions en sont trop manifestes ;
Puis la Vierge est semblable à vne belle fleur
Dans vn iardin fermé non subiet au pasteur,
Inconneue aux passans, et qui n'est point feruë
Du tranchant de la faulx, ni d'vn soc de charruë,
Laquelle cependant qu'elle demeure ainsi
La pluye la nourrist, le doux Zephire aussi
La flatte de son ent, et le Soleil luy donne
La fermeté solide et l'odeur douce et bonne :
Maint garson, mainte fille ayant l'amoureux soing,
La desirant tenir, la caressent de loing :
Mais quand l'ongle tranchant ha cette fleur cueillie
Estant hors de sa tige, elle deuient fletrie,
Perd toute sa beauté, la grace et la faueur
Dont le Ciel et la terre honoroient sa vigueur,
Et si plus de personne elle n'est desirée :
Vne vierge est ainsi d'vn chacun honorée,
Aimable à tous les siens, tandis que ses beaux ans
Demeurent impollus, chastes et florissans :
Mais quand elle a perdu cette fleur agreable
Qui chere la rendoit deuant tous venerable,
Elle perd la valeur et le prix qu'elle auoit,
Et personne depuis de bon cœur ne la voit :
Les filles l'ont en hayne, et nul ne la desire.

Voila ce que Nimphée en s'excusant put dire,
Car elle auoit voué chasteté pour iamais
A la sœur de Phebus, deesse des forais,
Et iamais ne voulut rompre cette promesse
Qu'elle auoit consacrée à la chaste déesse,
Et Diane emporta sur elle le dessus.
Pource Hercule ennuyé d'ouyr tant de refus,
Commença de ranger ailleurs sa fantaysie,
Mesprisa peu à peu sa vertueuse amye,
Et dans l'isle d'vn lac seulette la laissa,
D'elle se dérobant lorsqu'elle n'y pensa,
A l'heure que la nuict rend la terre obscurcie,
Et que le somme doux la tenoit endormie.
Elle au matin trouuant que seule elle estoit là,
D'infiniz coups de poing pleurante s'affolla,
S'arracha les cheueux, et fit mille complaintes.
Elle auoit parauant senty ia les atteintes
Que l'aspre ialousie en l'ame va semant
De ceux qui sont apris d'aymer bien chaudement :
Donq cette ialousie en elle se resueille,
Et ce mespris dernier de douleur nonpareille
Luy trouble tellement son ame et tous ses sens
Que pour y resister demeurent impuissans :
Elle gist contre terre en soy mesme esperdue,
Presque par la tristesse immobile rendue,
Et sans qu'elle ait soucy de plus s'alimenter
Se nourrit de gemir et de se lamenter.

Elle ne se bougeoit, ains mouroit sur la place
Quand les Dieux firent d'elle en l'eau de telle espace
Vne herbe et vne fleur non veue auparauant,
Que depuis en tous lieux tousiours on va trouuant
Sur les lacz et palus et sur les eaux dormantes,
En memoire du traict de ses amours constantes.
Encores quelques vns nomment Heraclion
Cette herbe, pour monstrer que ce n'est fiction
D'elle et de son Hercule, obiet de sa ruine,
Et mesme vne massuë est peinte en sa racine,
Ses feuilles en longueur quasi rondes se font,
Les vnes vont sur l'eau et les autres au fond.
Comme icy tu peux voir il en est vne sorte
De qui la blanche fleur celle du lis raporte,
Ayans dans le milieu des filets safranez
Comme au mitan du lis nature en a donnez ;
L'autre sorte a la fleur iaune, luysante et belle,
De là vient que Nimphée en diuers noms s'appelle,
Nenuphar iaune et blanc, lis d'estang, et blanc d'eau,
Iaunet d'eau, et encor le simple pastoureau
L'a nommée vn vollet, à raison qu'estenduë
Sur l'eau comme vne assiette elle est ronde espanduë.
Or si mille vertus paroient son corps humain,
Maintenant transformée elle n'est faite en vain :
Elle a mille vertus qui profitent aux hommes,
Mais pour les raconter apparus nous ne sommes :
Seulement ie diray qu'encore elle retient

La chasteté qu'elle eut, et tout autre y maintient :
Car si tu es frappé d'vne amoureuse rage
Pren durant quelques iours sa racine en breuuage,
Tous les songes d'amour en toy s'apaiseront
Et de nuict tes espritz après ne reueront.
Ainsi dit le dœmon, puis soudain il s'abaisse
Et se recache au fond soubz l'herbe fort espaisse.

## CXLIII

### STANCES DE L'IMPOSSIBLE

L'esté sera l'hyuer et le printemps l'autonne,
L'air deuiendra pezant, le plomb sera leger :
On verra les poissons dedans l'air voyager
Et de muets qu'ils sont auoir la voix fort bonne.
L'eau deuiendra le feu, le feu deuiendra l'eau
Plustost que ie sois pris d'vn autre amour nouueau.

Le mal donnera ioye, et l'aize des tristesses!
La nege sera noire, et le lieure hardi,
Le lion deuiendra du sang acouardi,
La terre n'aura point d'herbes ni de richesses;
Les rochers de soy-mesme auront vn mouuement
Plustost qu'en mon amour il y ait changement.

Le loup et la brebis seront en mesme estable

Enfermés sans soupçon d'aucune inimitié :
L'aigle auec la colombe aura de l'amitié
Et le Chameleon ne sera point muable :
Nul oyseau ne fera son nid au renouueau
Plustost que ie sois pris d'vn autre amour nouueau

La Lune qui parfaict en vn mois sa carriere
La fera en trente ans au lieu de trente iours;
Saturne qui acheue aueq trente ans son cours
Se verra plus leger que la Lune legere :
Le iour sera la nuit, la nuit sera le iour
Plustost que ie m'enflame au feu d'vn autre amour.

Les ans ne changeront le poil ni la coutume,
Les sens et la raison demeureront en paix,
Et plus plaisans seront les malheureux succès
Que les plaisirs du monde au cœur qui s'en alume.
On haïra la vie, aimant mieux le mourir
Plustost que l'on me voie à autre amour courir.

On ne verra loger au monde l'esperance;
Le faux d'auec le vrai ne se discernera,
La fortune en ses dons changeante ne sera,
Tous les effects de Mars seront sans violence,
Le Soleil sera noir, visible sera Dieu
Plustost que ie sois veu captif en autre lieu.

# CXLIV

## ELEGIE

### DE LA DIFFERENCE D'AMOVR ET DE MARS

Comparant Cupidon auecques le Dieu Mars,
Grande est la difference à mener leurs soudars :
Commander et aimer l'vn de l'autre different,
Violence et amour l'vn par l'autre s'alterent.
Vn Empereur par soy dessus les autres peut,
Et par puissance il fait ce que luy-mesme veut.
L'amoureux, au contraire, est par soy sans puissance
Et par vn autre il prend de soy la ioüissance,
Il renaist dedans soy par celle qu'il cherist,
Et s'eslongnant de soy en elle se nourrist :

Vn mutuel amour est de grace infinie,
Car d'vne seule mort on tire double vie,

L'vne dans la personne où nostre esprit se tient
Quand par pensée ardente elle nous entretient,
L'autre quand par apres nous pouuons reconnoistre
Que nous sommes au cœur où nous desirons estre.

O bienheureuse mort que double vie ensuit
Et où l'on se recouure alors que l'on se fuit :
O gaing inestimable où sont en telle sorte
Deux personnes vn seul qu'vn seul vn les suporte
Tellement toutefois que chacun de ces deux
Est fait deux pour vn seul par vn gain bienheureux
Et sont comme vn iumeau auquel, quand il arriue
Qu'il meure, il luy aduient que deux fois il reuiue.

Celuy qui est aimé doibt aimer son amant,
Autrement il n'a point de iuste iugement :
Seulement il ne doibt aimer quiconque l'aime,
Mais il y est contraint s'il s'estime soy-mesme.

Semblance engendre amour, et semblance est cela
Que quelque bon genie en plusieurs egala,
Or si ie vous resemble il est bien vraisemblable
Que vous n'estes aussi pareillement semblable,
Donq ce qui me contraint d'aimer de mon costé
Vous contraint de m'aimer et par necessité.

Outre plus l'amoureux soy-mesme s'abandonne

Et se baille à celuy dont il s'affectionne.
L'ame donq doibt exprès aimer son amoureux
Comme sa chose propre et en estre songneux.
Dauantage l'amant en son esprit engraue
La figure du corps duquel il est esclaue,
Tellement que l'esprit de l'amoureux parfait
Est vn miroir auquel l'aimé voit son portrait.

Auisez par ces points qu'icy ie vous propose,
Si vous ne deuez pas m'aimer sur toute chose,
Veu que ie vous cheris et vous aime si fort
Que pour viure auec vous ie me donne la mort.

# CHARLES·BRUNET

# CHARLES BRUNET

Le travail préparatoire de cette édition était entièrement achevé ; l'œuvre était sous presse ; la correction des épreuves était commencée, quand la mort est venue surprendre M. Charles Brunet qui, depuis longues années, m'honorait de sa chère et précieuse affection.

Chargé par M. Willem, l'ami de M. Brunet et le mien, de mener l'œuvre à bonne fin, je n'ai pas voulu la terminer sans rendre un dernier hommage à celui que nous pleurons.

M. Charles Brunet, naquit à Paris, le 20 juin 1085..

En 1832 il faisait partie de la garde nationale de Paris et marcha l'un des premiers à l'assaut des barricades élevées aux abords du cloître Saint-Merry, par les insurgés des 5 et 6 juin. Grièvement blessé à la jambe, il obtint, pour sa belle conduite, la croix de la Légion d'honneur.

Le 25 juillet 1833, il épousait mademoiselle Roche, fille d'un chef d'escadron d'état-major.

Un an après, il était avocat; mais, en 1839, il renonçait à cette carrière pour entrer au ministère de l'Intérieur (division des prisons), où, après avoir franchi en trois ans les grades inférieurs, il était successivement nommé sous-chef, puis chargé de diriger le premier bureau, directeur adjoint des régies, inspecteur général des prisons, et, enfin, chef de bureau titulaire en 1852.

J'étais, pendant ce temps, employé, puis bibliothécaire adjoint au même ministère, et l'amour des livres, cette douce et attrayante passion, nous avait peu à peu si bien rapprochés, que nous ne passions guère de journée sans nous communiquer nos découvertes, sans nous entretenir de notre sujet favori, LE LIVRE! Je ne puis, sans émotion, me rappeler ces longues et douces causeries, où brillait à chaque instant l'esprit, où se faisait voir l'excellent cœur de M. Brunet. Au physique il était bien digne de son nom; car il avait les cheveux, la barbe et les yeux noirs, le teint brun d'un Arabe; mais quel charmant sourire éclatait sur ses lèvres, étincelait, comme un vivant éclair, dans ses yeux noirs! Je crois le voir encore, je le verrai toujours.

Le goût de la littérature française de la renaissance se réveillait alors, et Pierre Jannet lui donnait un essor inattendu en fondant sa bibliothèque elzévirienne, où parurent tant d'éditions excellentes de nos anciens poëtes et prosateurs.

M. Brunet y donna 1° *la Mélusine,* par Jean d'Arras. — *Paris, Jannet*, 1854, in-18.

2° *Li Romans de Dolopathos.* — *Paris, Jannet*, 1856, in-18.

C'est à lui que je dois d'avoir été présenté chez Jannet, qui commença la publication de mon Ronsard.

Dans un autre genre, M. Brunet publia :

3° *Le Père Duchesne,* d'Hébert. — *Paris, France,* 1859, in-12.

4° *Marat dit l'Ami du Peuple.—Paris, Poulet-Malassis,* 1862, in-12.

5° Une piquante comédie du siècle dernier : *Le Moulin. — Turin, Gay,* 1870, in-12.

6° Un recueil de pièces rares et facétieuses anciennes et modernes, en vers et en prose, remises en lumière pour l'esbattement des pantuagruelistes, avec le concours d'un bibliophile (reproduisant, avec des additions piquantes et nombreuses, la plus grande partie du recueil de Caron.)— *Paris, A. Barraud,* 1872-1873, 4 vol. in-8°.

7° *Monument du Costume du XVIII° siècle. — Paris, Willem,* 1876, un vol. in-fol.

8° *Histoire des mœurs et du costume des Français au XVIII° siècle. — Paris, Willem,* 1878, un vol. in-fol.

Quand la mort est venue le surprendre, il terminait l'*Amadis Jamyn,* qui paraît aujourd'hui, et préparait une Bibliographie de la Ville de Paris, ouvrage immense de recherches et d'érudition, qui eût exigé encore plusieurs années de soins assidus.

Il ne négligeait pour cela ni ses fonctions au ministère, ni ses devoirs de père de famille.

En 1859, il mariait sa fille à un homme des plus remarquables, M. Victor Langlois, orientaliste, né à Dieppe, en 1829, qui, chargé d'une mission en Orient, pendant les années 1852-1853, avait rapporté de la Cilicie et des montagnes du Taurus une collection d'objets antiques, exposés au Louvre.

Ce jeune savant avait publié de nombreux ouvrages sur la numismatique et l'histoire de l'Orient et surtout de l'Asie mineure. Il était décoré de nombreux ordres étrangers.

Son union, couronné par la naissance d'un fils et d'une fille, promettait à cette famille si patriarcale de longues années de bonheur, lorsque le 14 mai 1869, M. Langlois fut prématurément arraché à l'affection des siens.

Au milieu de sa douleur, M. Brunet redevint père; il prit sa retraite en février 1870, pour se consacrer tout entier à l'éducation de son petit-fils, jusqu'au jour où, frappé dans la rue d'une attaque d'apoplexie, il fut ramené mourant au milieu de ses enfants, et, au bout de quelques jours d'anxieuses alternatives, le 12 juillet 1878, il ferma les yeux pour ne plus les rouvrir.

Sa famille et ses amis le suivront de longs et légitimes regrets. Pour sa part, il emporta la consolation d'avoir noblement rempli sa carrière de travail et de dévouement. Grâce à ses soins assidus, l'éducation de son petit-fils était achevée ; s'il pouvait partir sans regret, il en laissait de nombreux après lui. Mais il y a encore une douceur dans les larmes répandues sur la tombre d'un homme de bien, d'un savant, d'un aïeul vénéré, dont l'âme a reçu, dans un monde meilleur, la récompense qu'il a bien gagnée dans celui-ci.

Prosper BLANCHEMAIN.

# TABLE

| | |
|---|---|
| Introduction | 5 |
| Notice | 13 |
| Œuvres poétiques (Sonnets) | 33 |
| Sur le chiffre du Roy et de la Royne | 35 |
| Pour le jour de sainte Catherine | 36 |
| A la Royne mère | 37 |
| Sur l'arriuée de la Royne Élisabeth | 38 |
| *Le iour qu'Élisabeth* | 39 |
| A Marguerite de France | 40 |
| Au Roy Henry III | 41 |
| Au Roy Charles IX | 42 |
| Pour la feste des Roys | 43 |
| Pour vne mascarade | 44 |
| Pour l'entrée de Charles IX à Paris | 45 |

| | |
|---|---|
| Pour la Junon nopcière | 46 |
| A monseigneur le Grand Prieur | 47 |
| A Vénus | 48 |
| Autre version | 49 |
| De David | 50 |
| Pour vn jeu de balle forcée | 51 |
| Amours d'Oriane (24 sonnets) | 52 |
| Pour vn anneau de verre | 62 |
| Au vent Borée | 66 |
| Au Songe | 67 |
| Comparaison d'vne année | 68 |
| Reproche à la main | 76 |
| Response | 77 |
| Pour vn breuuage d'eau | 80 |
| Amours d'Eurymedon et de Callirée (3 sonnets) | 86 |
| D'vn Miroir | 86 |
| Amours d'Artemis (24 Sonnets) | 89 |
| Comp. de Térée | 94 |
| D'un homicide | 96 |
| Comp. du Phénix | 97 |
| Cupidon désarmé | 99 |
| De la fleur du Soucy | 102 |
| De l'Amitié | 108 |
| Des Cheueux | 108 |
| A vn Rossignol | 109 |
| De la Vertu | 110 |
| Sonnets du dueil de Cleophon (9 Sonnets) | 113 |

Sonnets diuers (16 Sonnets)............... 122
De la punition Diuine..................... 123
D'vn Baiser............................... 124
Que rien ne se perd....................... 125
Que personne n'est libre.................. 126
Du feu chevalier du Bonnet................ 127
Du Gris................................... 128
Du Noir................................... 129
Du Bleu et de l'Orangé.................... 130
Du Jaune doré............................. 131
A M. Yves le Tartier...................... 132
Pour vne peinture......................... 133
A mademoiselle Hélène de Surgères......... 137

Pour vn festin faict aux Tuilleries....... 138
Vn adieu.................................. 142
Élégie (le Soleil en naissant)............ 149
Pour M. le duc d'Alençon.................. 151
Cantique de Moncontour.................... 153
Epigramme................................. 158
Pour le temple de Gloire.................. 159

| | |
|---|---|
| Poëme de la Chasse | 162 |
| Elegie à Oriane | 179 |
| Chanson (Las! que vous estes) | 183 |
| Pour vn tableau | 187 |
| A vne Gouvernante | 189 |
| Chanson (Ie ieusne et ie fay penitence) | 194 |
| De la transformation des Amans | 197 |
| Contre l'honneur | 203 |
| Baïzer (Ma folastre, ma rebelle) | 208 |
| D'vne fontaine | 211 |
| Chanson (Je ne me plains) | 220 |
| Chanson (Or que le plaisant Avril) | 222 |
| Chanson (La blanche violette) | 226 |
| Chanson (Le beau visage) | 231 |
| Chanson (Voici le jour commençant) | 233 |
| Chanson (Ie veux mourir) | 235 |
| Chanson (Loin de ta lumière) | 238 |
| De la rigueur | 241 |
| Le songe d'un Pescheur | 244 |
| En l'honneur de Bacchus | 251 |
| Pour un Cocu | 255 |
| Ode chrétienne | 258 |
| Prosopopœe de Maugeron | 260 |
| Complainte de Cleophon | 263 |
| Les Nymphes Françoises aux François | 267 |
| Amour et beauté nez ensemble | 270 |
| De Pan et d'Echo | 273 |

| | |
|---|---|
| Prosopopœe de la Fortune...................... | 276 |
| Vne dame à son mari........................ | 280 |
| Louange du blanc............................ | 284 |
| Louange de l'incarnat....................... | 289 |
| Métamorphose de la Nimphée................. | 293 |
| Stances de l'impossible...................... | 301 |
| Elegie de la différence d'Amour et de Mars.... | 303 |
| Notice sur M. Charles Brunet................ | 307 |

*Achevé d'imprimer*
*Par le typographe Alcan-Lévy*
le xx janvier M. DCCC. LXXIX
*pour le libraire Willem*

19 Mars 97

www.ingramcontent.com/pod-product-compliance
Lightning Source LLC
Chambersburg PA
CBHW060357170426
43199CB00013B/1901